Paul Leopold Haffner

Die katholische Kirche nach der Erklärung des k. bayrischen Staatsministeriums

Eine Beleuchtung der Beantwortung der Interpellation Herz und Genossen

Paul Leopold Haffner

Die katholische Kirche nach der Erklärung des k. bayrischen Staatsministeriums
Eine Beleuchtung der Beantwortung der Interpellation Herz und Genossen

ISBN/EAN: 9783744621397

Hergestellt in Europa, USA, Kanada, Australien, Japan

Cover: Foto ©Lupo / pixelio.de

Weitere Bücher finden Sie auf **www.hansebooks.com**

Bemerkung.

Nachstehende Beleuchtung der von Herrn von Lutz vorgetragenen antwortung der Interpellation Herz und Genossen schrieb ich für Novemberheft des Katholik. Eine erschöpfende Behandlung des Gestandes war nicht beabsichtigt; nur die Hauptfragen sollten angeb werden. Da mir von einigen Freunden gesagt wurde, es kö diese Beleuchtung in dem bevorstehenden Kampfe zur Orientirung helfen, so lasse ich dieselbe separat erscheinen.

Mainz, den 6. Dezember 1871.

Dr. Haffner.

Die Erklärung, mit welcher der k. bayrische Staatsministe
des Innern die Interpellation Herz beantwortet, hat Nie
manden überrascht. Sie enthält nur längst Bekanntes. Her
v. Lutz reproducirt das alte Material, welches die s. g
Janusliteratur seit zwei Jahren zusammengetragen und di
liberale Presse in endlosen Variationen auf den Markt ge
bracht hat. Einige neueren Citate und Lesefrüchte au
wohlbekannter Mappe abgerechnet, unterscheidet sich die Ant
wort des Herrn Staatsministers v. Lutz ihrem Inhalte nach
kaum von der offenbar bestellten Frage des Herrn Inter
pellanten Herz. Das Ganze macht darum auch so wenig
Eindruck und Aufsehen, wie wenn es sich um einen Rede
actus handelte, mit dem Schulen ihr Semester zu schließen
pflegen.

Auch unter formellem Gesichtspunkte ist die Erklärung
nichts weniger als bedeutend.

Der Eingang versucht zu imponiren. Mit festem Auge
wie es dem Staatsmanne geziemt, blickt Herr v. Lutz sein
Gegner an, droht ihnen, züchtigt sie mit Verachtung unt
läßt sie seine Majestät fühlen, wie seine Mäßigung be
wundern.

Ein für allemal sei hier, wo wir zu den Vertretern des bayrische
Volkes, also auch des katholischen bayrischen Volkes, sprechen, erklärt
aß dergleichen Auslassungen nichts sind als eine Entstellung de
Wahrheit, nichts sind als Agitationsmittel für die Zwecke derer, bi
angehalten sind, wenn es ihnen nicht ohne Widerstand gelingt, di
Religion zu ihren Absichten zu benützen. Nicht gegen den Glauben de

Das ist diplomatisch gesprochen. Aber sofort wird die Er=
klärung doctrinär. Theologische Citate drängen sich mit
ganz unstaatsmännischer Steifigkeit vor, um, wenige poli=
tische Zwischenbetrachtungen abgerechnet, sich zu einer mehr
als ermüdenden, trockenen Darlegung auszuspinnen. Wohl
wird mit einer eigenthümlichen Geschämigkeit wiederholt
versichert, daß es sich nicht um Entscheidung theologi=
scher Streitfragen oder um theologische Meinungen handle,
sondern um Rettung der Selbstständigkeit des Königs und
des bayrischen Staates aus einer imminenten Gefahr. Aber
der Staatsmann geht immer wieder in dem Theologen unter
und selbst der Styl erinnert an den Catheder von Anfang
bis zu Ende.

Am Schlusse freilich, nachdem der Herr Minister durch
seine theologischen Reproductionen sich in eine möglichst
schreckhafte Stimmung versetzt, muß sich die trockene Sprache
des Doctrinärs mit einer anderen Haltung vertauschen lassen.
Die Erklärung wird kühn und herausfordernd. Herr v. Lutz be=
droht mit einigen gewaltigen Sätzen die gesammte Rechtsstellung
der Kirche, erschüttert das Concordat, verspricht eine „tief=
gehende“ (radicale?) Revision der Gesetzgebung, um dann
schließlich die bekannten Antworten zu geben, welche gleich
sehr zum Schmeicheln und Verführen, wie zum Drohen und
Erschrecken zu verwenden sind.

Wie wenig bedeutend aber die Erklärung des Herrn
v. Lutz auch nach Inhalt und Form und wie gering der
Eindruck sein mag, den sie als solche macht: sie ist doch ein
verhängnißvoller Act. Daß die bayrische Regierung sich
durch dieselbe zu dem Standpunkte, den sie bisher nur in
besonderen Erlassen andeutete oder in einzelnen Fällen zu
erkennen gab, in ganz allgemeiner und, soweit das heutige
Ministerium auf Unwiderruflichkeit Anspruch macht, in un=
widerruflicher Weise bekennt; daß das bayrische Gesammt=
ministerium durch den Mund des Herrn von Lutz sich also
aussprechen durfte, ist eine Thatsache der ernstesten Art.

Es ist jedenfalls gewiß, daß die bayrische Regierung nach den hier aufgestellten Principien nunmehr, soweit immer der Anlaß ihr dazu gegeben wird, vorzugehen entschlossen ist. Welcher Ernst diesem Entschlusse zukömmt, ist aus der Vertagung und der in officiellen Blättern ausgesprochenen Drohung eventueller Kammerauflösung zu entnehmen.

Wir haben daher allen Grund, die Erklärung des Herrn v. Lutz uns des Näheren anzusehen und uns klar zu machen, welche Stellung der katholischen Kirche ihr zufolge in dem Königreich Bayern nunmehr angewiesen ist.

Drei Sätze treten in derselben auf's Klarste heraus und sollen in ihrer Motivirung, wie in ihrer Consequenz von uns beleuchtet werden.

1) Die k. bayrische Regierung hat sich das Urtheil festgestellt, daß die katholische Kirche durch die Constitution vom 18. Juli 1870 ihren Lehrbegriff geändert habe; sie bekennt sich ferner 2) zu der Ansicht, daß die Glaubenslehre, welche die katholische Kirche dieser Constitution zufolge festhält, dem Staate und insbesondere dem bayrischen Staate gefährlich sei. Aus diesen beiden theoretischen Sätzen gelangt die k. bayrische Regierung 3) zu dem Entschlusse, ihr Verhältniß zu der katholischen Kirche durch eine Revision der Gesetzgebung — eventuell mit Lossagung von den Verpflichtungen des Concordates zu modificiren.

Indem wir diese Sätze beleuchten, werden wir uns eine gedrängte Kürze zur Aufgabe machen, und weit entfernt, die Einzelheiten der damit zusammenhängenden theologischen Materie zu verfolgen, unsere Aufmerksamkeit hauptsächlich den staatsrechtlichen Principien zuwenden, welche in Frage stehen.

I.

Hat die k. bayrische Regierung darüber ein Urtheil zu fällen, ob die Constitution des vaticanischen Concils vom 16. Juli den Lehrbegriff der katholischen Kirche alterirt oder nicht? Nach

welchen Criterien hat sie dieses Urtheil zu ent
scheiden? und welche Folgen hat sie dieser Ent
scheidung in ihrem Verhalten gegen die bestehend
katholische Kirche zu geben?

Diese Fragen sind es zunächst, zu welchen die Erklärun
des k. bayr. Gesammtministeriums uns veranlaßt.

1) Was den ersten Punkt betrifft, so wollen wir de
k. bayr. Regierung im Allgemeinen zu prüfen nicht verwehren
ob die Constitutionen des vaticanischen Concils eine Aen
derung des Lehrbegriffes der katholischen Kirche begründe
oder nicht. Zu dieser Frage ist jeder Katholik und jede
vernünftige Mensch berechtigt, und die katholische Kirch
kann nur wünschen, daß alle Welt sich recht gründlich mi
derselben beschäftige und daß insbesondere alle Regierunge
die Prüfung ihrer Lehrautorität, wie ihrer Lehrthätig
keit zum Gegenstande des lebhaftesten Studiums mache
möchten. Diese Prüfung darf aber selbstverständlich nicht de
Charakter einer Anklage haben und sie darf nicht die Ehr
furcht und Achtung verletzen, welche Regierungen, wie jede
vernünftige Mensch, der katholischen Kirche schulden.

Wenn wir der bayr. Regierung unter dieser Voraus
setzung ein Recht zum Studium theologischer Fragen zuerkennen
so müssen wir zugleich den Wunsch äußern, daß sie hiebei mit de
ihrer Würde, wie der Wichtigkeit des Gegenstandes entspre
chenden Gründlichkeit verfahre. Einer gründlichen Erwägun
kann es nicht entgehen, daß die Frage, ob die von der
Vaticanum verkündigte Lehre eine Neuerung sei oder nicht
zwei andere Fragen in sich schließt, welche einen viel ern
steren Charakter haben. Zunächst die Frage, ob diese Lehr
eine geoffenbarte Wahrheit sei oder blos menschliche Theorie
Ohne allen Zweifel ist sie das letztere, wenn sie eine Neue
rung ist, und sie kann das erstere nur sein, wenn sie kein
Neuerung ist. Es entscheidet somit die Lösung der erstere
historischen Frage unmittelbar über diese zweite sachliche

der katholischen Kirche alterirt habe oder nicht, entscheidet auch über das Wesen der Kirche selbst. Die katholische Kirche hat aufgehört, die von Christus gestiftete, mit der Gabe der Unfehlbarkeit ausgestattete Kirche zu sein, wenn sie durch ein ökumenisches, vom Papste berufenes und bestätigtes Concil Lehren als Glaubenswahrheiten statuirt, welche nicht dem Schatze göttlicher Offenbarung angehören, sondern als Neuerungen oder als menschliche Zuthaten erscheinen.

Diese Complexion der Fragen hervorzuheben, ist in mehrfacher Beziehung von Wichtigkeit.

Indem man die Frage: ob Neuerung oder nicht? aufwirft, ohne an die Consequenzen zu denken, welche in dieser Frage enthalten sind, ist man nur allzu geneigt, dieselbe leichtfertig und oberflächlich zu lösen. Man hält sich an die Schale, ohne den Kern zu erfassen. Und doch wirft man, indem man die Schale wegwirft, eben den Kern weg. Diese Bemerkung ist ganz besonders auf Herrn v. Lutz anzuwenden.

Es ist eine Lieblingswendung seiner Erklärung, zu sagen, daß er weit entfernt sei, sich mit theologischen Streitfragen zu beschäftigen und über theologische Meinungen entscheiden zu wollen; nur Thatsachen zu constatiren und Zeugnisse über solche zu vernehmen, halte er für seine Aufgabe. Wie wenig diese Versicherung der Wirklichkeit entspricht, soll später gezeigt werden. Zunächst aber muß die Frage erhoben werden: ob denn nicht eben in und mit diesen Thatsachen theologische Streitfragen ihre unmittelbare Entscheidung finden? Ist die Aenderung des Lehrbegriffes der katholischen Kirche durch das Vaticanum eine Thatsache — wohlan, dann ist auch die theologische Frage, ob die Infallibilität des Papstes eine göttlich geoffenbarte Wahrheit sei, verneint, und die theologische Meinung, daß die Kirche unfehlbar sei, verworfen. Es ist also eine bloße Phrase, wenn Herr v. Lutz die Frage der Thatsachen von der theologischen Frage trennt — eine Zweideutigkeit, ganz ähnlich derjenigen, welche Pilatus sich erlaubte.

Auch Pilatus wollte nicht die Streitfrage über die Person Jesu Christi entscheiden. Er betrachtete die Erklärung des Herrn, daß er ein König sei, als eine theologische Meinung, für deren Beurtheilung er sich Competenz zuzuschreiben nicht die geringste Lust fühlte. Nur Thatsachen cognoscirte der römische Staatsmann und nur Zeugnisse über solche wollte er constatiren. Solche Zeugnisse von Thatsachen waren ihm geboten, indem man ihm sagte, daß der Herr Gott geläftert habe, daß er ein Aufwiegler sei, ein Feind des Kaisers. Der Richter constatirte diese Zeugnisse und das Urtheil ward auf Grund derselben vollzogen — mit dem ausdrücklichen Vorbehalt, daß die innere Schuld oder Unschuld des Herrn damit nicht entschieden werden wolle.

Doch wir sind weit entfernt, auf dieser Parallele zu bestehen. Herr v. Luß hat nichts von dem Skepticismus des Pilatus. Er weist theologische Fragen nicht von sich, wie es der römische Staatsmann thut, vielmehr wendet er denselben ein faft staunenswerthes Interesse zu.

Um so mehr müssen wir wünschen, daß er sich bei seinem Urtheile über das Vaticanum und seine Beschlüsse nicht von Täuschungen bethören, sondern von den richtigen Gesichtspunkten leiten lassen möchte. Damit kommen wir zu unserer zweiten Frage.

2) Um die Constitution des vaticanischen Concils zu prüfen, sind zwei Wege möglich. Der nächste und naturgemäße Weg besteht offenbar darin, den formalen Charakter derselben klarzustellen.

Um dieses zu thun genügen an sich zwei einfache Fragen: 1) Sind die vom Papfte bestätigten Glaubens = Entscheidungen öcumenischen Concilien als authentische Erklärungen des katholischen Glaubens zu betrachten und 2) ist die Constitution vom 16. Juli eine solche Entscheidung eines öcumenischen Concils? Wer diese beiden Fragen bejaht, kann die Frage, ob die Definition der Infallibilität des Papstes eine Aenderung des katholischen Lehrbegriffes sei, vernünftiger Weise nicht mehr stellen. Wer umgekehrt diesen letzteren Zweifel festhält, der hat im Princip die beiden vorgenannten Fragen oder wenigstens eine derselben verneint.

Diese Fragstellung ist nicht blos durch die Natur der Sache gegeben, sie ist auch in den Verhandlungen zwischen den s. g. Alt-Katholiken und Katholiken stets als die entscheidende hervorgetreten.

Merkwürdiger Weise aber vermeidet es Herr v. Lutz gerade auf diese Fragstellung einzugehen. Er ist weit entfernt die Competenz der Concilien zu bekennen und den öcumenischen Charakter des Vaticanums anzuerkennen. Aber ist eben so weit entfernt das Gegentheil zu wagen.

Herr v. Lutz und das bayr. Gesammtministerium hat bis jetzt die Autorität der Concilsentscheidungen nicht bestritten. Auch sein theologischer Rathgeber bestreitet sie nicht, er bekennt ja dieselbe zu seinen Gunsten, und die liberale Presse sogar hat sich zuweilen auf dieses Princip berufen.

Merkwürdiger Weise hat er aber — wenigstens in dieser Erklärung — auch dem vaticanischen Concil den Charakter der Oekumenicität nicht abzusprechen gewagt. Keine Sylbe findet sich in diesem Sinne, kein Wort, welches etwa von diesem Concil an ein künftiges appellirte.

Merkwürdig in der That. Warum ist Herr v. Lutz hierin so vorsichtig? warum umgeht er die Spitze dieser Frage, obgleich alle seine Behauptungen auf sie hinauslaufen? Ohne Zweifel vor Allem deßhalb, weil es unmöglich ist, sie in verneinendem Sinne zu lösen. Was Michelis, Schulte und Genossen sagen, um das Vaticanum als Räuber- oder Aftersynode darzustellen, das mag allerdings für den großen Haufen von einigem Eindrucke sein. Aber auf halbwegs denkende Männer macht es eben keinen Eindruck. Nicht einmal Herr v. Döllinger wagt es, gegenüber der unzweideutigen Anerkennung, welche das vaticanische Concil in der katholischen Welt findet, die Theorie aufrecht zu erhalten, mit der er vor Monaten dagegen ankämpfte. Daß das Vaticanum ein ökumenisches Concil und seine Constitutionen rechtsgiltige Glaubensentscheidungen der katholischen Kirche sind, ist ein Satz, welchen zu leugnen selbst dem bayr. Gesammtministerium der Muth entfallen ist. Es bleibt ihm daher nichts übrig, als diesem Satze auszuweichen. Hiezu dient, um von anderen Wendungen abzusehen, ganz besonders die Bemerkung, daß „die Staatsregierung bei ihren amtlichen Handlungen nicht einfach den Standpunkt der Unterwerfung unter einen Concilsbeschluß, welcher viele Staatsangehörigen nicht bindet, einzunehmen berechtigt sei."

Diese Bemerkung bedarf einer sorgfältigen Beachtung.

Was zunächst die Behauptung betrifft, die Staatsregierung sei nicht berechtigt einfach den Standpunkt der Unterwerfung unter einen Concilsbeschluß einzunehmen, so ist dieses zuzugestehen bei solchen Gegenständen, in Betreff welcher die Staatsregierung eine eigene Competenz und eigenes Recht hat. Diese Gegenstände bedürfen einer Vereinbarung und soweit es sich um eine solche handelt mag die Staatsregierung sich allerdings eine Entscheidung darüber vorbehalten, ob sie in ihren amtlichen Handlungen diesem Beschlusse entgegenkommen will.

In dem vorliegenden Falle aber handelt es sich um einen Gegenstand, zu dessen Entscheidung die Staatsregierung absolut und einfach keine Competenz hat; welcher ganz ausschließlich von der Lehrautorität der katholischen Kirche entschieden werden kann.

In diesem Falle kann die Staatsregierung gar keinen andern Standpunkt einnehmen als den der einfachen Unterwerfung. Sie muß sich sagen, hier hat das unzweifelhaft competente Tribunal der katholischen Kirche über eine unzweifelhaft kirchliche Frage entschieden. Es ist somit nach allgemeinen Rechtsgrundsätzen eben diese Entscheidung als rechtsgültige zu betrachten, und auch die bayrische Regierung kann nach Recht und Vernunft derselben die Anerkennung

— d. i. die Unterwerfung ihrer Ansicht unter dieselbe nicht versagen.

Um eine solche Unterwerfung unter die dogmatischen Beschlüsse des Vaticanums der bayrischen Regierung zuzumuthen, ist nicht die Voraussetzung nothwendig, daß die Concilien im theologischen Sinne unfehlbar seien. Es genügt, daß sie als die höchste und oberste Instanz für Entscheidung katholischer Glaubensfragen anerkannt worden. Diese Anerkennung aber kann den Concilien, wofern man nicht das Grundwesen der Concilien negiren will, unmöglich versagt werden, und auch Herr v. Lutz wird nicht im Stande sein eine höhere Instanz zu erfinden oder einzusetzen, an welche öcumenischen vom Papste bestätigten Concilien gegenüber appellirt werden könnte.

Wenn aber dem so ist und wenn das Vaticanum als öcumenisches Concil, also als höchste Instanz in katholischen Glaubensfragen, auch von der bayrischen Regierung anerkannt wird; wie kömmt dann eben diese Regierung dazu, den dogmatischen Beschlüssen dieses Concils die Unterwerfung — d. i. die Anerkennung zu versagen? Was bewegt sie zu diesem Verfahren, welches allen vernünftigen Grundsätzen widerspricht und welches sie selbst als ein unstatthaftes wiederholt bezeichnet hat.

Herr v. Lutz gibt uns die Antwort auf diese Frage indem er bemerkt, es handle sich um einen Beschluß, welcher **viele Staatsangehörigen nicht bindet.**

Hier müssen wir den Herrn Minister offenbar fragen, welche Staatsangehörigen er denn im Sinne hat? Die bayrischen Juden, Freigemeindler und Protestanten? Sehr wohl, diese bindet der Beschluß nicht. Aber diese geht er ja gar nichts an und um diese handelt es sich ja ganz und gar nicht. Den Juden muß es vollständig gleichgültig sein, ob das bayrische Ministerium die Autorität des vaticanischen Concils und die Glaubens-Entscheidungen desselben anerkennt oder nicht. Sie profitiren und verlieren ja dabei Nichts. Ebenso die Protestanten.

Offenbar hat der Herr Minister bei dieser Aeußerung Döllinger und Consorten, die s. g. Altkatholiken im Sinne. Diese behaupten durch den Beschluß des vaticanischen Concils nicht gebunden zu sein. Sie wollen sich demselben nicht unterwerfen.

Und mit Rücksicht auf diese versagt das bayrische Staatsministerium den vaticanischen Beschlüssen die Anerkennung.

Daß ein bayrischer Cultminister von der „Ungebundenheit" dieser — glücklicher Weise nicht sehr vielen — Staatsangehörigen Notiz nimmt ist nicht zu verwundern.

Aber vernünftiger Weise müßte er doch wohl sich fragen, ob diese Ungebundenheit zu Recht besteht, ob Döllinger ein Recht habe — sich Katholik zu nennen und den Concilsbeschlüssen die Unterwerfung zu versagen. Vernünftiger Weise müßte sich Herr v. Lutz sagen: entweder sind diese Staatsangehörigen Katholiken — dann ist der Concilsbeschluß für sie bindend; oder aber sie sind aus der katholischen Kirche ausgetreten, dann haben sie wenigstens kein Recht als Katholiken dagegen zu protestiren.

Aber weit entfernt das Eine oder das Andere fest zu halten, gefällt sich Herr v. Lutz in der wahrhaft unbeschreiblichen Confusion, die Competenz und Rechtmäßigkeit des Concils zwar nicht zu bestreiten, aber mit Rücksicht auf einige Renitenten ihm die Anerkennung zu versagen. Mit Rücksicht auf diese Staatsangehörigen sieht sich die bayr. Staatsregierung — so wenig sie auch an sich Lust verspürt, sich die mindeste Competenz zur Entscheidung theologischer Streitfragen beizumessen — dennoch veranlaßt, den Concilsbeschluß einer Super=Revision zu unterziehen und das vaticanische Concil vor ihr Forum zu ziehen, um in höherer Instanz zu urtheilen, ob dessen dogmatische Constitution eine Neuerung sei oder nicht.

Ein seltsames Tribunal offenbar, welches in einem und demselben Satze sich für ganz incompetent erklärt und zu-

gleich die Frage, in Betreff deren sie sich incompetent er=
klärt, vor sein Forum zieht.

Aber wir wollen auf diesem Punkte nicht weiter bestehen.
Will die bayrische Staatsregierung trotz ihrer Incompetenz
für theologische Fragen sich ein selbständiges Urtheil dar=
über bilden, ob die dogmatische Constitution vom 18. Juli
eine menschliche Neuerung und Fälschung des katholischen
Lehrbegriffes oder eine Definition und Klarstellung der von
Gott geoffenbarten katholischen Lehre sei, so mag sie dieses
immerhin versuchen. Will sie diese Frage prüfen, absehend
von der Autorität des ökumenischen Concils — so zu sagen
in der Fiction, daß das Concil noch nicht entschieden habe
oder erst noch zu entscheiden hätte — so mag sie einer
Untersuchung der materiellen Wahrheit der in
Frage stehenden Lehre sich immerhin überlassen. Denn
zu wissenschaftlichen historisch=dogmatischen oder canonistischen
Studien ist im Grunde Jedermann berechtigt, soweit er
überhaupt dazu die Fähigkeit besitzt.

Billig aber durften wir erwarten, daß Herr v. Lutz,
wenn er als Theologe die zweijährigen Concilsberathungen
revidirt, wenigstens mit dem Ernste und der Umsicht dabei
verfahren würde, welche einer so großen Sache würdig ist.

Wir muthen ihm nicht zu, daß er mit seinen Collegen
die Literatur der Kirchenväter und der Concilien durchgehe,
die Verhandlungen, welche die Frage in den gallicanischen
und jansenistischen Streitigkeiten fand, erschöpfe und die
große Zahl von Gutachten nachsehe, welche die Theologen
bei dem Concil abgegeben haben. Wir könnten uns zufrieden
geben, wenn er außer der Janusliteratur wenigstens einige
der populären Werke studiren wollte, in welchen in neuerer
Zeit die Lehre der Kirche über den Primat und die Infal=
libilität historisch und dogmatisch erörtert wurden. Das,
scheint uns, könnte billig von ihm verlangt werden.

Aber von derartigen Studien verräth die hochtheologische
Erklärung nicht die mindeste Spur. Sie begnügt sich, den

Satz, daß das Concil eine Neuerung vollzogen habe, durch den Hinweis auf einige wenige, der Sache selbst äußerliche Zeugnisse zu belegen. Vor Allem wird auf den Hirtenbrief hingewiesen, welchen einige deutsche Bischöfe am 6. Sept. 1869 erlassen haben. Dieser, so glaubt der bayrische Staatsminister, konnte damals und kann heute nicht anders verstanden werden, als: diese Bischöfe hätten, indem sie die damaligen Befürchtungen mit der Versicherung beruhigten, „das Concil werde keine neuen und keine anderen Grundsätze aufstellen, als diejenigen, . . . welche die christlichen Völker durch alle Jahrhunderte heilig gehalten haben", dabei ganz bestimmt die Infallibilitätslehre im Auge gehabt und eben diese als eine „neue Lehre" für unmöglich erachtet.

Ueber die Interpretation dieses vorvaticanischen Beruhigungsschreibens sind kaum viele Worte zu verlieren. Es hatte dasselbe naturgemäß nicht die Präcision, welche verschiedene Auffassungen ausschloß und konnte sie nicht haben sowohl vermöge seines Ursprungs, noch vermöge seines Zweckes. Wenn Herr v. Lutz daher — wenn gleich mit Unrecht — in demselben die Ansicht zu finden glaubt, die Infallibilität könne nicht definirt werden, so soll ihm dieses nicht beanstandet werden; aber für die Sache selbst ist dieses Hirtenschreiben ohne Bedeutung.

Denn was beweist dieser Hirtenbrief — selbst in der liberalsten Interpretation? Offenbar nichts, als daß einige deutsche Bischöfe am 6. Sept. 1869 über die Frage der Infallibilität eine bestimmte Ansicht nicht aussprachen und daß sie die Möglichkeit der Definition derselben auf dem bevorstehenden Concil weder in Aussicht noch in Abrede stellen wollten. Aber damit ist ja über das Dogma selbst nichts gesagt. Selbst wenn die siebenzehn Bischöfe damals gegen dasselbe gesprochen oder es als eine falsche Lehre bezeichnet und deren Definition als eine Neuerung verpönt hätten, so würde auch dieses nur beweisen, daß einige Bischöfe damals dieser irrthümlichen Ansicht gewesen seien.

Für die Frage selbst aber wäre diese Ansicht offenbar in keiner Weise entscheidend.

Die Erklärung erinnert weiter daran, daß man in Deutschland, England und anderwärts die Behauptung, der Papst sei unfehlbar, als eine von den Feinden der Kirche erfundene Entstellung bezeichnet habe. Die Zeugnisse, mit denen dieses belegt wird, sind sehr eng gewählt. Es wird Stollberg angeführt. Aber diese Worte können auch heute noch von jedem Katholiken ausgesprochen werden. Es ist in der That eine falsche Behauptung, daß wir den Papst in allen Dingen und in jeder Beziehung für unfehlbar halten, und mit Fug und Recht protestiren wir auch heute noch gegen den Ausdruck, welcher den Papst als Privatperson in Privat-Meinungsäußerungen als infallibel bezeichnet.

Es wird ferner daran erinnert, daß am 25. Jan. 1826 dreißig irische Bischöfe erklärt haben, die Katholiken Irlands versichern eidlich, es sei kein Artikel des Glaubens und werde von ihnen nicht gefordert, zu glauben, daß der Papst unfehlbar sei. Die Bischöfe konnten anno 1826 in der That gar nicht anders reden; es war ja die Infallibilität des Papstes damals nicht als ein Artikel des Glaubens definirt, den zu glauben von den Katholiken gefordert werden konnte. Daraus folgt aber mit nichten, daß das Vaticanum sich einer Glaubensneuerung schuldig gemacht habe, indem es anno 1870 diese Definition vollzog; ebenso haben die meisten früheren Concilien Wahrheiten als Glaubensartikel definirt, welche zuvor als solche nicht definirt waren und darum nicht zu glauben gefordert wurden.

Es wird endlich darauf hingewiesen, daß noch im Jahre 1822 der Cardinal La Luzerne unbeanstandet blieb, als er ein Werk zur Bestreitung der Unfehlbarkeit veröffentlichte. Auch dieses beweist offenbar so wenig als Nichts. Es ist nur daraus zu ersehen, daß die Kirche die Freiheit der Meinungsäußerungen so lange gestattet, als ihre Autorität die Entscheidung noch nicht gegeben hat.

Diesen gelehrten Stimmen reiht Herr v. Lutz Citate aus bayrischen Katechismen an, welche beweisen sollen, daß in Bayern dieses Dogma nicht, sondern das Gegentheil davon gelehrt wurde. Ob diese Bücher in jeder Beziehung die vollständigste Genauigkeit des Ausdruckes besitzen, läßt sich vielleicht in Frage stellen. Daß sie aber die Leugnung der Infallibilität aussprechen, ist ganz unmöglich zu behaupten. Und selbst wenn? Nun es wäre ein schlimmes Zeugniß für diese Katechismen! Daß aber die katholische Kirche überhaupt die Infallibilität nicht als Glaubenssatz in sich getragen hätte, wird dadurch wahrlich nicht erwiesen.

Herr v. Lutz hat offenbar einen sehr irrigen Begriff von der katholischen Tradition und der angerufenen Regel des Vincenz von Lerin, wenn er sich zu der Bemerkung erhebt: „zu dem ubique gehört auch unsere Heimath und zu dem semper auch unsere Zeit" und demgemäß die Zustimmung gewisser bayrischen Katholiken als Kriterium des wahren Glaubens behauptet. Würde das ubique und semper diesen Sinn haben, dann wahrlich würde die Dogmatik sich längst auf Null reducirt haben.

Die gewichtigsten Argumente für den Satz, daß die Infallibilität eine Neuerung sei, entlehnt Herr v. Lutz einigen Schriften, Bemerkungen oder Mittheilungen deutscher Bischöfe aus der Minorität. Uns wundert, daß aus diesen nicht ein reicheres Material hervorgezogen wurde. Die Concilsbriefe der Allgemeinen Zeitung und das bekannte Schreiben von Acton-Döllinger liefert ja dessen eine so große Menge, daß man in Verlegenheit ist, was man zuerst sich auswählen soll. Aber wie viel oder wie wenig solcher Zeugnisse auch ausgewählt werden mögen, sie constatiren höchstens die Thatsache, daß es vor dem 16. Juli 1870 einzelne Bischöfe gab, welche eine klare Erkenntniß des Dogma's von dem unfehlbaren Lehramte des Papstes nicht besaßen und daß es einzelne Diöcesen gab, in welchen diese Erkenntniß den öffentlichen Lehrern und Priestern mehr oder weniger fehlte.

In welchem Umfange diese Thatsache in Wirklichkeit bestand, wollen wir dahingestellt sein lassen. Aber gegen alle Logik scheint es uns zu sein, und selbst ein bayrischer Minister kann vor dem Forum der Vernunft keine Freisprechung erwarten, wenn aus dieser Thatsache geschlossen wird, daß die Lehre von der Infallibilität der katholischen Kirche überhaupt und als solcher fremd gewesen sei und daß ihre Annahme demnach eine Neuerung in dem Lehrbegriffe enthalte.

Doch genug hiervon. Wer das ABC von Theologie inne hat, weiß, daß die Zeugnisse von dem in den einzelnen Diöcesen bestehenden Glaubensbewußtsein zwar als Beweismomente für die Glaubensdefinitionen von Wichtigkeit sind, daß aber diese Definition selbst nicht durch die Majorität dieser Zeugnisse entschieden wird, geschweige denn durch eine Minorität und am allerwenigsten durch eine so geringfügige und zweifelhafte Minorität, wie sie in dieser Frage sich ergeben hat.

Herr v. Lutz befindet sich in diesem Punkte offenbar in einer Unwissenheit, welche nur durch die Gedankenlosigkeit, um nicht mehr zu sagen, überboten wird, mit welcher er zu wiederholen liebt, daß er durch Constatirung dieser Zeugnisse von Thatsachen sich nicht zum Richter über theologische Meinungen machen wolle ... Thut er dieses denn nicht? Zieht er nicht eben mit diesen in der That sehr oberflächlich constatirten wenigen Zeugnissen den Schluß, daß die Lehre von der Infallibilität eine Neuerung, also eine Fälschung des Lehrbegriffes der katholischen Kirche, also eine der göttlichen Offenbarung widersprechende Lehre sei?

Wäre die Ausführung des Herrn v. Lutz eine Privatarbeit oder eine Declaration irgend eines Agitations-Comité's, so könnten wir uns begnügen, ihre Oberflächlichkeit zu bedauern, daß es aber möglich ist, einem solchen Elaborat das Gewicht einer amtlichen Erklärung zu geben und daß man wagt, es dem gesammten Episcopat eines katholischen Landes entgegenzustellen: das ist etwas, was uns empören muß.

Wenn der k. bayrische Staatsminister in Wahrheit die auf die Frage bezüglichen Thatsachen einer Cognition unterstellen wollte, so müßte er auch das als Thatsache anerkennen, daß von 535 bei der letzten und entscheidenden Abstimmung gegenwärtigen Vätern des Concils 533 den Glauben an das unfehlbare Lehramt als einen in ihren Diöcesen stets erkannten und bewahrten Glauben bezeugten; daß eben diese Bischöfe und außer ihnen noch viele andere, welche aus Opportunitätsgründen oder im Interesse einer anderen Fassung in der vorhergehenden noch nicht entscheidenden geheimen Sitzung das Placet zu der Constitution nicht gaben, den in ihr definirten Glaubenssatz als eine von Gott geoffenbarte Lehre bezeugten; und daß endlich die ganze katholische Welt mit Ausnahme einiger Döllingerianer durch Annahme dieser Constitution sich zu eben diesem Glauben bekannte.

Diese Thatsachen aber cognoscirt der Minister nicht, weil eben aus diesen Thatsachen ein anderes Resultat sich ergibt, als dasjenige, welches ihm genehm ist. Es ist also in der That nur ein eitler Schein, welches mit dieser Cognition von Thatsachen getrieben wird. Nicht diese, sondern eine einmal angenommene theologische Meinung — die theologische Meinung des Herrn v. Döllinger ist das wirkliche und maßgebende Fundament des Urtheils, welches der bayrische Staatsminister über das vaticanische Concil fällt. Ein willkürlicher Subjectivismus oder sagen wir besser eine tiefe Befangenheit behauptet sich den notorischen Thatsachen der Vergangenheit und Gegenwart, wie der unzweifelhaften Competenz der kirchlichen Autorität gegenüber. Eine solche Willkür oder Befangenheit ist aber unerträglich für Jedermann, der nicht an die Infallibilität des bayrischen Cultministeriums und seines theologischen Lehrmeisters zu glauben Lust hat.

Aber hören wir auf, die theologische Autorität des Mi-

nifters zu beleuchten, welcher in nur zu wohlbegründeter
Aufrichtigkeit sich selbst als incompetent erklärt hat in den
Fragen, die er mit so unerschütterlicher Kühnheit zu entschei=
den sich erlaubt.

3) Angenommen, das bayrische Gesammtstaatsministerium
hat in der That die Ansicht, daß das vaticanische Concil
eine Neuerung oder Fälschung des Lehrbegriffes der katho=
lischen Kirche vollzogen habe, zu welchen Maßregeln
kann es sich in diesem Falle berechtigt halten?

Die Erklärung spricht sich darüber folgendermaßen aus:

Der Staat und die Staatsregierung muß überall da, wo nicht
verfassungsmäßig eine Staatsreligion besteht, und namentlich da, wo
verschiedene Confessionen mit verfassungsmäßig garantirter Gleich=
berechtigung einander gegenüberstehen, an dem Rechte festhalten, die
Beziehungen zu den einzelnen Religionsgenossenschaften auf die den
Verfassungsgesetzen entsprechende Art und auf eigene Hand festzustellen.
Dieses Recht umfaßt nicht blos die Befugniß, ein einziges Mal gesetz=
liche Normen über das Verhältniß zwischen Staat und Kirche zu er=
lassen, so daß es bei den aufgestellten Normen für alle Folgezeit sein
Bewenden behalten müßte, es enthält vielmehr auch die Befugniß, die
bestehenden Normen auf dem eben bezeichneten Wege einer Reform zu
unterziehen, so oft sich ein Bedürfniß dafür geltend macht. Der Fall
nun, daß eine Religionsgenossenschaft an ihrem Lehrbegriffe oder an
ihrer Organisation eine wesentliche Aenderung vornimmt, kann ein
Anlaß sein, um die Ueberzeugung wach zu rufen, daß es einer Reform
der Gesetzgebung bedarf; dies ist der Fall, in welchem das Vorhanden=
sein eines Reformbedürfnisses in weiteren Kreisen und selbst bei ent=
schiedenen Anhängern der betreffenden Religionsgenossenschaft am leich=
testen begriffen und zugestanden werden wird, aber er ist der einzige
nicht. Auch dann, wann sich im Laufe der Zeit die Ueberzeugung gel=
tend macht, daß alte längst bestehende Einrichtungen einer Kirche, bei
dem Fortbestande der bisherigen Gesetzgebung und der bisherigen Be=
ziehungen zwischen Staat und Kirche, wegen des Gebrauches, den man
davon zu machen sich anschickt, die vitalen Interessen des Staates ge=
fährden, kann dem Staate das Recht nicht vorenthalten werden, sein
Kirchenstaatsrecht kraft seines souveränen Gesetzgebungsrechtes einer
Reform zu unterziehen. Um so viel mehr ist dies der Fall, wenn eine

Streitfrage über das Lehrsystem einer Kirche endgiltig in einem dem Staate gefährdenden Sinne gelöst wird, denn diese Eventualität steht näher der ersterwähnten Alternative als der zweiten.

In diesen Worten sind drei Sätze auseinander zu halten. Es wird in denselben a) das s. g. souveräne Gesetzgebungs= recht des Staates proclamirt — also das Recht des Staa= tes, zu jeder Zeit und in allen Gebieten ungehindert von jedem bestehenden und wohlerworbenen Rechte, auch unge= hindert von allen durch Verträge übernommenen Verpflicht= ungen Gesetze zu geben, zu ändern und zu widerrufen.

Ein solches souveränes Gesetzgebungsrecht kennt weder die Vernunft noch das positive Recht. Es ist dasselbe das be= kannte Product der modernen Rechtsphilosophie, welches augenblicklich in allen liberalen Cabinetten und Parlamenten florirt, und gebe Gott, daß die Revolution nicht bald seine consequente Durchführung in die Hand nehme.

Dasselbe des Näheren zu beleuchten, ist hier der Ort nicht. Nur auf das Eine sei hingewiesen, daß, so lange dieses souveräne Gesetzgebungsrecht von unseren Regierungen in Anspruch genommen wird, kein Recht der Privaten noch der Corporationen gesichert ist.

Dieses „souveräne" Gesetzgebungsrecht wird aber b) ganz besonders den Confessionen gegenüber statuirt; insbesondere da, wo verschiedene Confessionen mit verfassungsmäßig ga= rantirter Gleichberechtigung einander gegenüberstehen. Der Staat, so heißt es, „muß an dem Rechte festhalten, die Be=, ziehungen zu den einzelnen Religionsgesellschaften auf eine den Verfassungsgesetzen entsprechende Art und auf eigene Hand festzustellen."

Auch diese Theorie widerspricht ebenso sehr allen Prin= cipien des natürlichen und positiven Rechtes, wie sie aller= dings der Praxis der meisten modernen Staaten entspricht. Es ist dieses eben die moderne Fassung des alten Cäsareo= Papismus. So lange diese Theorie Geltung hat, gibt es in Wahrheit für keine Religionsgesellschaft eine gesicherte recht=

liche Existenz. Wenn der Staat jederzeit seine Beziehungen
zu denselben auf eigene Hand feststellen kann, so kann er
auch jederzeit diese Beziehungen ganz aufheben, ihnen den
Rechtsschutz entziehen, sie unterdrücken — nicht blos die
Macht ist ihm hiezu gegeben, sondern das Recht. Soll auch
dieses Recht nur in einer den Verfassungsgesetzen entspre-
chenden Art ausgeübt werden — wer bürgt für das Fort-
bestehen dieser Verfassungsgesetze? Auch diese können ja
jederzeit durch das souveräne Gesetzgebungsrecht geändert
werden. Aber es soll auch hierauf an dieser Stelle nicht
weiter eingegangen werden. Die Erklärung sagt endlich:

c) „Der Fall, daß eine Religionsgesellschaft in ihrem
Lehrbegriffe oder an ihrer Organisation eine wesentliche
Aenderung vornimmt, kann Anlaß sein, die Ueberzeugung
wachzurufen, daß es einer Reform der Gesetzgebung bedarf."

Diesen Satz haben wir des Näheren zu prüfen, nicht
blos, weil er eben unsere Frage besonders betrifft, sondern
weil in ihm eine Anschauung ausgesprochen ist, welche sogar
den modernen Theorien von der souveränen Gesetzgebung
und dem Staatskirchenrecht gegenüber als eine exorbitante
Willkür erscheint. Mit diesem Satze nimmt das Damokles-
schwert, welches der moderne Staat über die Kirche längst
gehängt hat, eine bedrohliche Natur an, welche es unerträglich macht. Die Ausdrücke „Aenderung", „Lehrbegriff und
Organisation", „wesentlich" sind offenbar der mannigfal-
tigsten Deutung fähig. Die Geschichte zeigt genugsam, daß
man das Wesentliche des Christenthums und des Katholicismus in sehr verschiedenen Gränzen bestimmen kann. Der
Eine findet Nichts, der Andere Alles wesentlich. Bald hat
man die heiligsten Rechte der Kirche als unwesentlich bezeichnet, bald ganz accidentelle und ganz zufällige Verhältnisse als zum Wesen des Katholicismus gehörig dargestellt.
Wer bürgt dafür, daß das Auge eines bayrischen Ministers
nicht eines Tages die Approbation einer neuen Ordens-
congregation oder die Einführung der Volksmissionen oder

gar die Anordnung einer Wallfahrt als eine wesentliche Aenderung des Lehrbegriffes und der Organisation cognos= cirt und demgemäß eine Reform der Gesetzgebung für schreiendes Bedürfniß erachtet? Daß solcher und noch grö= ßerer Unsinn möglich ist, beweist die Erfahrung.

Wenn daher dieser Grundsatz Geltung hat, daß die Staatsregierung jede Entfaltung unseres Predigtamtes oder unseres Ordenslebens oder der Liturgie nach seinem Er= messen als wesentliche Aenderung des Lehrbegriffes oder der Organisation cognosciren und demnach ihren Rechtsschutz modificiren kann: dann offenbar steht die katholische Kirche unter einer polizeilichen Aufsicht, welche ihr jeden Augen= blick Hände und Füße zu binden berechtigt ist. Und wohl zu bemerken! sie hat kein Tribunal, an welches sie appel= liren, kein Gesetz, auf das sie sich berufen kann, sie hat nicht einmal das Recht, gehört zu werden und sich über ihren Lehrbegriff und ihre Organisation zu erklären, denn der Staat behält sich durchaus das Recht vor, seine Beziehungen zu ihr auf eigene Hand festzustellen.

An und für sich hat die katholische Kirche am wenigsten Grund, sich vor den Wirkungen einer solchen polizeilichen Aufsicht zu fürchten — weil eben ihr Leben am meisten in allen Einzelnheiten bereits entwickelt und ihr Lehrbegriff wie ihre Organisation durch achtzehn Jahrhunderte in einer Weise festgestellt ist, wie solches keine Confession und keine Religion des Alterthums und der Neuzeit aufzuweisen hat. Der Protestantismus hat seinen Lehrbegriff seit drei Jahr= hunderten ohne Unterlaß geändert; er ändert seine Organi= sation ohne Unterlaß; diese Aenderungen haben sich als so wesentlich erwiesen, daß man sein Wesen bald nur noch negativ bestimmen kann. Von den übrigen Secten, welche die neue Zeit uns brachte, lohnt es sich kaum der Mühe zu reden. Sie sind ja purer Fortschritt ohne jeden Lehrbegriff und jeden Organismus.

Merkwürdiger Weise aber ist es nicht der immer sich

wandelnde religiöse Subjectivismus, dem gegenüber diese
polizeiliche Aufsicht angeordnet wird, sondern die katholische
Kirche. Eben diese Kirche, welcher man so oft und so gerne
den Vorwurf macht, daß sie der Stagnation huldige, daß
sie dem Fortschritte sich entziehe und daß sie dem Mittel-
alter angehöre vermöge der Unabänderlichkeit ihres Lehrbegriffes und der Unwandelbarkeit ihrer Organisation: eben
diese Kirche ist heute der Gegenstand von Vorsichtsmaßregeln
und Drohungen, welche ihren Anlaß in angeblichen Aenderungen haben sollen.

Das Alles ist aber nicht blos merkwürdig und seltsam,
es ist empörend und unerträglich für uns. Mit Recht kann
der Papst und können die Bischöfe der katholischen Kirche
Herrn v. Lutz und seinen Freunden zurufen: Wie kommt Ihr
dazu, uns der Neuerungen anzuklagen, während Ihr
gleichzeitig die eclatanten Neuerungen, welche in anderen
Confessionen sich tagtäglich vollziehen, ganz in der Ordnung und nicht den geringsten Anlaß zu Reformen
Eurer Gesetzgebung darin entdeckt? Wenn Ihr den pro-
testantischen Confessionen das Recht zuerkennt, zu lehren und
zu erklären, was ihnen wahr scheint und was sie zur Stunde
für nützlich erachten, ohne ihnen mit Revision der Gesetzgebung zu drohen; wie könnt Ihr dann uns das Recht versagen, Controversen zu entscheiden und Wahrheiten unseres Glaubens zu definiren?

Aber wir sind weit entfernt, mit diesem Appell an die
Billigkeit uns zu begnügen. Wir müssen das Princip, auf
welches die bayrische Regierung ihre Haltung gründet, überhaupt und durchaus zurückweisen.

Die katholische Kirche existirt in Bayern, wie in allen
deutschen Staaten als eine selbstständige, durch die Geschichte
und das positive Staatsrecht anerkannte religiöse Corporation. Als solche hat sie von den Staaten Rechtsschutz anzu-
sprechen und dieser Rechtsschutz ist nicht Gnade, sondern
Schuld des Staates; er kann ihr daher nicht nach Willkür

entzogen oder beschränkt werden. Als religiöse Corporation hat sie das Recht, ihren Lehrbegriff selbst zu definiren und ihre Organisation selbst zu constituiren. Diese Freiheit ist ihr gleichfalls durch positives Recht zuerkannt und in ihr muß sie daher unter allen Umständen geschützt werden. Sollte es ihr in der That — um Unmögliches zu setzen — gefallen, ihren Lehrbegriff oder ihre Organisation zu ändern, so würde damit der Staat seiner Rechtspflichten insolange nicht entbunden sein, als diese Aenderungen das der Kirche zu= stehende eigene Gebiet nicht überschreiten; so lange dadurch nicht fremde Rechte verletzt oder bedroht werden.

Wenn daher Herr v. Lutz in der That irriger Weise zu der Ansicht gelangte, daß die Constitution vom 18. Juli eine Neuerung sei, so hatte er sich nur die Frage vorzulegen, ob diese „Neuerung" das Gebiet des kirch= lichen Lebens allein betreffe oder ob sie auf ein der Kirche fremdes Gebiet Einfluß übe. Ist Ersteres der Fall — und es ist dieses hier ohne Zweifel — so kann die „Neuerung" für ihn gar kein Gegenstand der Erwägung sein. Er hat damit gar nichts zu thun. Ist Letzteres der Fall, nun ja, dann wird es seine Sache sein, die Rechte Dritter gegen diese Neuerung zu schützen, und so weit solches nothwendig ist, mag er denn auch durch die Gesetzgebung die nothwen= digen Mittel hiezu beschaffen.

Von dieser für jeden Staatsmann und Juristen auf der Hand liegenden Distinction scheint aber das bayrische Gesammt= ministerium keine Ahnung zu haben. Es behält sich durchaus das Recht vor, bei jedweder angeblichen Neuerung eine Revision der Gesetzgebung einzuleiten — also jeden ihm gutdünkenden Anlaß zu nützen, um die rechtliche Existenz der Kirche zu modificiren oder zu vernichten. Das heißt offenbar nichts Anderes, als der Kirche überhaupt den Be= sitz eines bestimmten Rechtes absprechen, sie zum Gegenstande einer unbegrenzten Willkür der jeweiligen Gesetzgeber und Executiven zu machen.

Aber die Cardinalfrage, so sagt die Erklärung weiter,
„liegt nicht darin, ob wirklich der Glaubenssatz von der
Infallibilität eine Neuerung enthält, sondern darin, ob die
Concilsbeschlüsse vom 18. Juli 1870 staatsgefährlich sind."
Auch dann, so hörten wir Herrn v. Lutz sagen, wenn sich
im Laufe der Zeit die Ueberzeugung geltend macht, daß alle
längst bestehende Einrichtungen einer Kirche ... die vitalen
Interessen des Staates gefährden, kann dem Staate das
Recht nicht vorenthalten werden, sein Kirchenstaatsrecht kraft
seines souveränen Gesetzgebungsrechtes einer Reform zu
unterziehen.

Mit diesen Worten kommen wir zu dem zweiten Theile
der k. bayrischen Erklärung, welcher in formeller Hinsicht
von geringerem, in materieller Hinsicht jedoch von um so
größerem Interesse ist. Wir halten dieselben Fragen auseinander wie bei dem ersten Punkte.

II.

Hat die bayrische Staatsregierung zu untersuchen, ob die Glaubensentscheidungen des vaticanischen Concils staatsgefährlich seien?
Nach welchen Criterien hat sie bei einer solchen
Untersuchung zu verfahren? Welche Maßregeln
hat sie in Folge des Resultates dieser Untersuchung zu treffen.

1) Was den ersten Punkt betrifft, so soll der k. bayrischen
Regierung im Allgemeinen gewiß nicht verwehrt werden nach
allen Seiten hin darüber zu wachen, ob dem Staate eine
Gefahr drohe oder nicht. Auch die katholische Kirche muß
es sich daher gefallen lassen, wenn das sorgsame Auge eines
Cultministers sie prüft.

Ist die bayrische Regierung in der That in Besorgnisse
über die Lehre der Kirche, welche in ihren Gränzen besteht,
so mag sie in Gottes Namen die Concilsacten der neuen
und alten Zeit und so es ihr gefällt, auch alle Archive des

Vaticans und der Ordinariate und sämmtliche gedruckten oder geschriebenen Predigten der Priester ihres Landes einer Durchsuchung unterstellen, um sich zu vergewissern, ob in denselben sich Lehren finden, welche die vitalen Interessen des bayrischen Staates gefährden. Daß eine solche Inquisition uns als Katholiken sehr unangenehm berührt und die Ehrfurcht, mit der wir beten ich glaube an die heilige allgemeine katholische Kirche empfindlich beleidigt, ist überflüssig zu sagen. Auch müssen wir hier, wie bei der Frage der Neuerung die Laune der bayrischen Staats= männer seltsam finden. Sie gleichen Generälen, welche die Brunnen und Erdarten ihres Standquartiers chemisch unter= suchen lassen, während der Feind Batterien baut und ihre Wälle unterminirt. Uns will es bedünken, daß die vitalen Interessen der Krone Bayerns und aller Kronen Europa's von ganz anderen Mächten bedroht sind, als von der aus dem Zustande der Controverse zur Entscheidung erhobenen Lehre von der Infallibilität des Papstes. Eine künftige Geschichtsschreibung wird über diese modernen Staatskünstler ähnlich urtheilen wie über die alten Byzantiner, welche Decrete und Exposé's über theologische Fragen verfaßten und dabei das Reich den Feinden preisgaben.

Aber überlassen wir dieses vorerst der Geschichte. Nicht wir haben die vitalen Interessen der Wittelsbacher Dynastie und der Monarchien Europa's wahrzunehmen; darum kann es uns nicht kümmern, wenn die Vertreter derselben ihre kostbare Zeit damit zubringen, auf Gespenster zu lauschen, welche ihnen von einigen Professoren und Phantasten signa= lisirt wurden.

Zu Ehren des Herrn v. Lutz sei übrigens bemerkt, daß seine Erklärung selbst lichte Augenblicke hat, in welchen die Vernunft über diese Gespensterfurcht zu siegen scheint. Er beruhigt sich und die Seinen, daß Dank den Fortschritten des Jahrhunderts und der Kraft der bayrischen Polizei kaum zu fürchten sei, der infallible Papst werde es wagen,

die Bayern vom Eide der Treue gegen den König zu ent=
binden, über Leib und Leben, Gut und Freiheit der Ketzer
zu verfügen oder gar dem König Ludwig II. die Führung
eines Krieges zu befehlen. Das ist offenbar ein Zeichen ge=
sunden Urtheils. Auch das ist ein erfreuliches Symptom, daß
Herr v. Lutz sich über die Gesinnungen seiner katholischen
Staatsangehörigen, der Laien und selbst der „Mehrzahl"
der Kirchenoberen beruhigt. Sie hätten wirklich das Recht,
sich verletzt zu fühlen, sagt er treuherzig, wenn man ihnen
staatsgefährliche Absichten zutrauen wollte. Nur Schade,
diese Beruhigungen halten nicht Stand. Frohschamer, Schulte
und Döllinger haben so viel von dem Gespenste gesprochen,
die bayrische Diplomatie hat im Verein mit der österreichi=
schen, portugiesischen u. s. w. sich so sehr über dasselbe echauf=
firt, die liberale Presse ist noch so voll von demselben, daß
es einem bayrischen Gesammtministerium unmöglich ist, sich
von der Ueberzeugung loszumachen, daß der Staat über=
haupt und der bayrische insbesondere durch das Dogma der
Infallibilität in eine eminente und imminente Gefahr ver=
setzt sei.

Diese Ueberzeugung zu begründen, ist der zweite und
größere Theil der Erklärung bestimmt. Folgen wir dersel=
ben und fragen wir also:

1) Nach welchen Criterien ist die Staats=
gefährlichkeit der katholischen Glaubenslehre
zu untersuchen?

Ehe wir auf dieselben eingehen, möge folgende kurze
Bemerkung ihren Platz finden.

Wenn einem Richter ein Mann vorgeführt wird mit der
Meldung, derselbe habe gedroht oder Verabredung getroffen,
ein Haus in Brand zu stecken, so wird der Richter ohne
Zweifel, wenn anders er ein ruhiger und gerechter Mann
ist, vor Allem diesen Mann selbst sich ansehen. Er wird
seine Antecedentien feststellen, er wird ihn über seine Gesin=
nungen erforschen und zugleich sich Leumundszeugnisse über

diesen Mann geben lassen. Diese Prüfung der Person des Angeklagten wird dem Richter um so nothwendiger erscheinen, je geringer die Indicien der äußeren That und je unzuverlässiger die Zeugen erscheinen, welche für dieselbe sprechen. Würde der Richter etwa in dem Angeklagten einen Bekannten finden, dessen Charakter und Gesinnungen ihm aus langjährigem Umgange bekannt sind, dessen Wahrhaftigkeit und Gewissenhaftigkeit er immer vertraute, gewiß, dann würde das Wort des Angeklagten selbst die schwersten Verdachtsgründe in seinen Augen paralysiren.

In dieser Weise, so scheint uns, müßte billig ein Staatsmann auch gegenüber der katholischen Kirche verfahren, wenn sie ihm als staatsgefährlich denuncirt würde. Ist sie denn nicht in ihren Lehren und Gesetzen aller Welt bekannt? Sind nicht die Grundsätze, nach denen sie handelt, durch tausend Acte constatirt? Lebt sie denn nicht inmitten aller Staaten, von Jedermann beobachtet und Jedermann verständlich?

Und wenn dennoch Besorgnisse über ihre Absichten aufgeworfen werden, warum fragt man sie nicht über die Punkte, in Betreff deren diese Besorgnisse bestehen? Warum fragt man nicht Pius IX., ob · er wirklich darauf bestehe, nach Gutdünken Ketzer zu verbrennen ꝛc.? Warum wartet man nicht ab, bis das Concil seine Berathungen fortsetzen kann, um über diese Punkte sich zu erklären? Warum hört man nicht unterdessen die Gutachten der Theologen und Canonisten, welche, wie das Würzburger Facultätsgutachten und Münchener Majoritätsgutachten, gestützt auf eine reiche Literatur, die Bestimmungen des canonischen Rechtes über diese Fragen darlegen?

Von alle dem das Gegentheil. Der bayrische Minister des Innern hat nur den Anklagen Gehör geschenkt, welche die Janusliteratur erhoben, und er scheint dieselben festzuhalten, unberührt von allen Widerlegungen, welche die katholische Literatur entgegengestellt hat.

Aus jener Literatur fließen denn auch die Argumente, mit welchen Herr v. Lutz seine Anklage auf Staatsgefährlichkeit der katholische Kirche zu begründen sucht. Im Großen und Ganzen sind es längst bekannte Dinge. Nur Weniges ist als eigenthümlich hervorzuheben.

Mehrfache Aussprüche aus bischöflichem Munde, so wird gesagt, sind schlagende Beweise dafür, daß unseren Bischöfen selbst der Gedanke vorgeschwebt hat, das neue Dogma könnte als staatsgefährlich angesehen werden. Welches sind diese Aussprüche? Es wird das Schreiben der österreichisch-deutschen Bischöfe vom 12. Januar 1870 angeführt, in welchem gesagt wird, die Bischöfe seien gewiß, daß die Lehre der Infallibilität des Papstes in Europa und wenigstens in ihrer Heimath den Regierungen Grund oder doch Vorwand bieten werde, um gegen die übrig gebliebenen Rechte der Kirche vorzugehen. Auf dieses Wort „Grund“ legt Herr v. Lutz Gewicht, um zu constatiren, die Bischöfe hätten diesen Grund als einen berechtigten erachtet. Was die Bischöfe damals zu dieser Bemerkung überhaupt veranlassen konnte, ist nicht unsere Sache zu erörtern. Aber daß das Wort Grund im Sinne des Herrn v. Lutz zu interpretiren sei, scheint doch nicht erwiesen, insbesondere nicht durch die Betonung, daß es im Urtext causa heiße. Eben dieses Wort causa läßt diese Interpretation einer causa justa am wenigsten zu, da ja, wie der Herr Minister wohl zugeben wird, auch causae injustae in Menge sich finden. Aber lassen wir die subtile Interpretationsfrage. Angenommen, es wäre so — was wäre damit bewiesen? Offenbar Nichts, als daß die hochwürdigsten Unterzeichner dieses Schreibens sich so sehr in den Geist ihrer allerhöchsten Regierungen hineingedacht haben, daß sie vergaßen, denselben als einen falschen zu bezeichnen.

Mit anerkennungswerther Offenheit, so fährt Herr v. Lutz fort, hat auch Se. Exc. der Herr Erzbischof von München-Freising in seiner Erwiederung auf den Ministerialerlaß

v. 22. August sich in einer Weise ausgesprochen, welche ein treffender Beleg für die Richtigkeit der Anschauung der Staatsregierung ist. Es heißt dort wörtlich: Ich erkläre aber hiemit ebenso öffentlich und laut vor allem Volke, daß so lange der „moderne" Staat vom göttlichen Gesetze nicht abfällt, von der katholischen Kirche nichts für ihn zu fürchten ist.

Dieses so lange erscheint dem Herrn Minister von eminenter Staatsgefährlichkeit, er findet in demselben die Prätension der Oberherrlichkeit der Kirche über den Staat in der deutlichsten Weise ausgesprochen.

Wenn dieses „so lange" dem k. bayr. Gesammtministerium Sorge macht, so muß es in der That mit dessen Gewissensruhe schlimm stehen. Denkt dasselbe denn wirklich in allernächster Zeit vom „Gesetze Gottes" abzufallen, und fühlt es sich denn in der That in seiner Sicherheit bedroht, wenn es Leute gibt, welche den Willen kundgeben, unter allen Umständen an dem Gesetze Gottes festzuhalten? Wahrlich, da muß etwas faul sein im Staate Dänemark! Aber, gibt uns Herr v. Lutz zu verstehen, es ist nicht das Gesetz Gottes, das wir fürchten, sondern die Autorität, welche die Kirche sich zuschreibt, nach dem Gesetze Gottes den Staat zu beurtheilen. Eben damit maßt sich die Kirche eine Oberherrlichkeit über den Staat an.

Zu unserem Bedauern können wir auch über diesen Punkt den bayrischen Minister nicht beruhigen. Wenn man auch allen Erzbischöfen und Bischöfen Bayerns den Mund schließen wollte, wofern sie den bayrischen Staat dereinst des Abfalles vom Gesetze Gottes anklagen wollten, so würde doch das Gewissen der ehrlichen Leute sich nicht ganz zum Schweigen bringen lassen. Dieses Gewissen weiß auch etwas vom Gesetze Gottes und dieses Gewissen würde selbst ohne die Erklärung der Bischöfe dem modernen Staate das Urtheil sprechen. Von dieser Oberherrlichkeit über den Staat, welche das Gewissen prätendirt, wird sich das bayrische Ge-

fammtministerium durch tausend Erklärungen und Gesetzes=
revisionen nicht frei machen können. Und wohl zu bemerken,
es wird vielleicht nur zu bald die Stunde kommen, in wel=
cher die bayrische Regierung froh sein wird, wenn die Stimme
der bischöflichen Autorität diese Oberherrlichkeit des Gewis=
sens des Volkes regelt, damit nicht die Autorität der Inter=
nationale und die Stimme der Commune in seinem Namen
zu sprechen versucht.

Nachdem Herr v. Lutz die Staatsgefährlichkeit der Kirche
oder genauer des Gesetzes Gottes also in großen Umrissen
gezeichnet, hält er es aber für seine Pflicht, die in Gefahr
stehenden Fundamentalsätze des bayrischen Staatsrechtes des
Näheren zu bezeichnen. Es steht zu erwarten, daß er hiebei,
mit der eines Juristen würdigen Präcision verfahrend, Satz
gegen Satz stelle und den positiven rechtsgiltigen Gesetzen
des Staates positive rechtsgiltige Gesetze der Kirche gegen=
überstelle. Um zu constatiren, daß dieses oder jenes Haus
dem Nachbarhause Gefahr bringe, ist doch offenbar noth=
wendig, die Mauer zu bezeichnen oder den Giebel oder die
Feuerstätte, welche Gefahr bringt, und ebenso den Punkt
und die Seite, welcher diese Gefahr droht. Mit allgemeinen
Möglichkeiten, etwaigen Eventualitäten ist nichts erwiesen.
Was würde man sagen, wenn ein Techniker erklärte, das
Haus A könnte das Haus B umwerfen, wenn etwa ein
Erdbeben entstünde, welches eine tiefere Erdschichte heben
und eine andere senken würde; oder wenn Sturm und
Windsbraut von der einen oder anderen Seite herkäme, oder
wenn gar die Posaunen Josua's auf die Mauern wirken
sollten.

Ganz so aber verfährt das k. bayr. Gesammtministerium
in seiner technischen Begutachtung der Staatsgefährlichkeit
der katholischen Kirche. Es muß selbst gestehen, das Dogma
der Infallibilität präsentire sich harmlos, es sei die Wir=
kung desselben auf das Gebiet des Glaubens und der Sitten
beschränkt, und alle kirchlichen Autoritäten versicherten ihm,

daß es über dieses hinaus nicht zur Anwendung kommen
werde..

Aber das Erdbeben! die Windsbraut, die Posaunen
Josue's! Wären die früheren päpstlichen Erlasse nicht, die
Bulle Unam sanctam, die Encyclica, der Syllabus, so klagt
Herr v. Lutz. Alle diese Dinge bestehen, meint er, und legen
nicht blos die Möglichkeit, sondern die dringendste Wahr-
scheinlichkeit nahe, daß die Kirche die Absicht hegt, mit Hilfe
des neuen Dogma's die längst entschwundene Herrschaft über
die Könige und ihre Staaten wieder zu erringen.

„Solche inhaltsschweren Sätze bedürfen, wir fühlen es,
des Beweises." Auch wir fühlen es. Aber wo sind die
Beweise?

Herr v. Lutz hat zwei Stunden und vierzig Minuten
dazu verwendet, um dieselben der gähnend lauschenden
Kammer vorzutragen. Diese Zeit genügte auch dem gewandt-
testen Professor nicht, alle auf das Verhältniß zwischen
Kirche und Staat bezüglichen Fundamentalsätze des canonischen Rechtes darzulegen und aus den Quellen zu belegen.
Selbst die Bulle Unam sanctam und der Syllabus ließe
sich in dieser Zeit kaum erschöpfend exegesiren. Immerhin
wäre es jedoch möglich gewesen, wenigstens diejenigen Sätze,
welche besonders wichtig sind, in ihrem präcisen Sinne
klarzustellen.

Aber Herr v. Lutz huscht mit glatter Redewendung an
dieser ernsten Aufgabe vorbei. Er will die Versammlung
mit einer eingehenden Besprechung der hier in Betracht
kommenden päpstlichen Bullen nicht hinhalten. Er lenkt ihre
Aufmerksamkeit auf Erscheinungen ganz anderer Art, welche
ihm und seinen Kammerfreunden eine leichtere Ausbeute
versprechen. Lenken Sie Ihre Aufmerksamkeit auf die Dublin
Review, sagt er, eine englische Zeitschrift, welche unter Lei-
tung des Erzbischofs Manning von Westminster ... von
einem Convertiten Dr. Ward redigirt wird ... Aber, fährt
er fort, nachdem er aus dieser Zeitschrift eine Reihe von

Blättern vorgelesen, nicht blos von englischen Katholiken
werden solche Anschauungen vertreten, auch in Deutschland
werden sie in gleicher Weise verbreitet. Beleg hiefür sind
die ... Stimmen von Maria Laach. Und nun werden auch
von diesen eine Anzahl von Blättern der Kammer vorge=
lesen. Weiter sodann. Wenden wir uns zu einem anderen
Erzeugnisse der Presse, welches ausgesprochenermaßen (?) auf
die Massen des Volkes zu wirken bestimmt ist. Es ist die Genfer
Correspondenz. Nachdem auch aus dieser eine Blumenlese
gewonnen worden, kömmt schließlich als „Schrecklichstes des
Schrecklichen“ die Civiltà cattolica zur Sprache. Aus ihr
ließ der Minister nicht blos einzelne Sätze, nein, ganze Ab=
handlungen vor. Von Band zu Band, von Nummer zu
Nummer geht er sie durch, um schließlich der — ob von
Grausen, ob von Langeweile erstarrten — Kammer in hohem
Tone zuzurufen: Angesichts dieser Dinge und nachdem die
Civiltà cattolica (1869. V. S. 589 ff.) erklärt, daß auch
in Bayern noch ungerechte Gesetze bestehen ... ist kein
Zweifel, ... daß ... die ganze Selbstständigkeit des Königs
und des Staates durch das Dogma vom 18. Juli 1870 und
die Kraft desselben mit dogmatischer Geltung versehenen
päpstlichen Erlasse einer imminenten Gefahr gegenüber=
gestellt sind.

Zwei Stunden vierzig Minuten hat diese Verlesung, wie
gesagt, gedauert. Aber niemals ist die kostbare Zeit einer
Kammer, welche Diäten verzehrt, nutzloser vergeudet wor=
den. Denn was will denn mit diesen Citaten aus Zeitschriften
bewiesen werden? Was ist denn Dublin Review, Laacher
Stimmen, Genfer Correspondenz, Civiltà cattolica? Sie sind
wohl päpstliche Bullen oder Concilsconstitutionen oder irgend
ein neues liber extra des Corpus J. C. Nichts von alle
dem. Es sind Privatunternehmungen, von einzelnen Laien
und Priestern redigirt, seit wenigen Jahren in nur verein=
zelten Kreisen verbreitet. Und diese Privatarbeiten genügen,
um auf Grund derselben die 1800jährige Kirche, das öku=

menische Concil und den 80jährigen Pius IX. staatsgefähr=
licher Intentionen anzuklagen, zu überführen und zu über=
weisen.

Aber die Redacteure dieser Zeitschriften sagen, ihre An=
schauungen seien die der Kirchenobrigkeit, sie sind Mitglieder
eines Ordens, welcher diese Anschauungen in seiner Ge=
sammtheit theilt, sie stehen in ununterbrochener Verbindung
mit den höchsten und einflußreichsten Personen in Rom, ja
sie nennen sich sogar ungescheut (siehe Civiltà cattolica) das
getreue Echo des h. Stuhles.

Mag sein. Aber seit wann stellt man die Worte eines
Menschen nach dem Echo fest, wenn man die Stimme des
Menschen selbst zu vernehmen in der Lage ist? Seit wann
sucht man die Ansichten einer Regierung in den Conversa=
tionen, welche in den Corridoren und Vorzimmern der Mi=
nister geführt werden? Es ist in der That unerhört in po=
litischen Kreisen, daß man die Zeitungsliteratur als authen=
tische Quellen betrachtet, um die Grundgedanken einer Be=
hörde zu eruiren, zu welcher diese Zeitungen in Beziehung
zu stehen behaupten.

Es muß immer wiederholt werden. Wenn das bayrische
Gesammtministerium über die Gedanken der katholischen
Kirche, des Concils, des Papstes ein Urtheil fällen will, so
muß sie uns kirchliche Erklärungen, Concilsbeschlüsse, päpst=
liche Bullen vorlegen. Was in diesen enthalten ist und was
die Kirche in diesen enthalten erklärt, was sie durch solche
Erlasse in Wirklichkeit durchführen zu wollen bekennt: das
werden wir als Grundgedanken der Kirche erkennen — nicht
aber was in Zeitungen sich als Echo kirchlicher
Gedanken producirt.

Diese Ausführungen der citirten ultramontanen Organe
sind ebenso wenig authentische Erklärungen der Gedanken
der Kirche, als es die Ausführungen der Organe von ent=
gegengesetzter Richtung sind. Der Herr Minister weiß ohne
Zweifel, daß innerhalb der katholischen Kirche eine große

Anzahl von Zeitungen und Zeitschriften sich finden, welche gegen Civilta und Genfer Correspondenz polemisiren. Er weiß, daß es eine Anzahl katholischer Publicisten nicht blos, sondern auch Theologen und Canonisten gibt, welche, obgleich ganz auf dem Boden des katholischen Glaubens stehend und der Autorität des hl. Stuhles vollständig unterwürfig, doch die von der Civilta entwickelte Stellung der Päpste zu der europäischen Rechtsordnung als eine nur von einer gewissen Zeit aufgestellte, durch die Zeit wiederum derogirte und somit der Kirche nicht wesentliche betrachten. Er weiß, daß es sehr bedeutende Männer in der katholischen Welt gibt, welche es für einen Schaden der Kirche erachten würden, wenn dieselbe eben diese Stellung wieder einnehmen wollte, welche das öffentliche Recht des Mittelalters ihr auf politischem Gebiete zuerkannte.

Mit demselben Rechte, mit welchem die Organe der anderen Richtung, könnten auch die Organe dieser citirt werden — freilich mit ebenso geringer Beweiskraft für die Entscheidung der Frage, ob die katholische Kirche staatsgefährlich sei. Diese Frage kann nur nach den Erklärungen der Kirche selbst und nach der Handlungsweise der kirchlichen Autorität beurtheilt werden.

Wenn das k. bayr. Ministerium diese selbst beobachten wollte, so würde seine Stimmung sicher eine ungleich beruhigtere werden. Ganz freilich könnte es sich vielleicht nicht beruhigen. Es liegt immerhin in den kirchlichen Erlassen und Erklärungen mancherlei, woran die moderne Staatstheorie sich stoßen muß, und eine Differenz zwischen den Anschauungen der Kirche und den herrschenden politischen Principien läßt sich in vielen Punkten nicht verkennen.

Wenn das k. bayrische Ministerium auf diese Differenz aufmerksam geworden ist, dann hat sich dasselbe allerdings mit tiefem Ernste

3) die Frage vorzulegen, welche Maßregeln sie Angesichts dieser sehr bedenklichen Differenz zu ergreifen haben.

3*

Daß in derselben eine ganz eminente Gefahr vorliegt, sind wir zu bestreiten durchaus nicht gewillt. Wenn die katholische Kirche, welche seit achtzehn Jahrhunderten besteht, gestützt auf die Wahrheiten des geoffenbarten Glaubens, in der That sich genöthigt sehen würde, Fundamentalsätze des in Bayern bestehenden Staatsrechtes zu verwerfen: so könnte dieses einem verantwortlichen Minister dieses Staates nicht gleichgiltig sein, und die Revision der Gesetzgebung wäre ein Gedanke, welcher sich ganz unmittelbar jedem Patrioten aufdrängen müßte. Aber diese Revision der Gesetzgebung dürfte, wenn sie eine wahrhaft tiefgreifende sein sollte, nicht blos auf die Beziehungen des Staates zur Kirche sich erstrecken. Mit der Untersuchung der Grundsätze der Kirche müßten auch eine Prüfung der Fundamentalsätze des modernen Staatsrechts selbst beginnen.

Ein Minister und Patriot, welcher gründlich und um= sichtig verfahren wollte, würde unseres Erachtens nicht um= hin können, wenigstens einigermaßen darüber nachzudenken, ob die Begriffe von Staat und Staatsgewalt und Staats= verfassung, welche nicht das bayrische Staatsrecht, wohl aber die moderne Schule des Liberalismus aufgestellt hat und welche sie nunmehr in der Gesetzgebung praktisch zu machen sich bemüht, als unfehlbare Begriffe zu gelten haben, ob sie als irreformable zu betrachten seien?

Eine genaue Prüfung würde ohne Zweifel ergeben, daß die von der Kirche verworfenen Grundsätze von der gesunden Ver= nunft überhaupt verworfen werden. Es würde sich ergeben, daß die Verwerfung dieser Principien nothwendig ist nicht im Interesse der Kirche blos, sondern ebenso im Interesse des Staates und der menschlichen Gesellschaft überhaupt.

Zu dieser Prüfung liegt in unseren Tagen nicht blos ein theoretisches, sondern ein unmittelbar praktisches Motiv vor. Man muß ja blind sein, um nicht zu sehen, daß eben diese Principien immer mehr dazu benützt werden, unser sociales Leben dem Abgrunde einer vollständigen Auflösung zuzutreiben.

Diese Grundprincipien, welche der Herr Minister als durch
die Kirche gefährdet betrachtet, erweisen sich ja offenkundig
als die Ursachen oder Veranlassungen zu jener unerträg=
lichen Unruhe, zu jener Verwilderung der Sitten, zu jener
Zerreißung aller Bande der Ordnung, welche unsere Zeit
charakterisirt. Wenn die Begriffe von Freiheit in den ver=
schiedenen Gebieten des Lebens nicht in ihrem wahren Sinne
dem falschen gegenüber gesichert werden, so ist der Staat
in Wahrheit gefährdet, aber wahrlich nicht durch die Kirche
und das Dogma der Infallibilität, sondern durch sich selbst,
d. i. durch die Blindheit, mit der die Regierungen von den
modernen Theorien sich fortreißen lassen.

Doch, wie wir schon oben zu sagen uns erlaubten, die
bayrische Regierung, wie so viele andere, fürchtet Gefahr
von der Seite, wo ihr Schutz geboten ist, und sie fürchtet
sie nicht von dort, von wo sie fast rettungslos bedroht ist.

Nicht Bedrohung, sondern Rettung der Gesellschaft ist
es, wenn Pius IX. im Syllabus seine Stimme erhebt gegen
das Mißverständniß und den Mißbrauch der Freiheit, welchen
der revolutionäre Liberalismus in immer umfassenderem
Maße in Europa verwirklicht, wie gegen die Gewaltthätig=
keit, mit welcher eben dieser Liberalismus die sociale und
politische Ordnung von der Grundlage der christlichen Ord=
nung und der religiösen überhaupt abzutrennen bestrebt ist.

Nicht Erniedrigung des Staates und Untergrabung
der königlichen Autorität, sondern eine Wahrung und
Festigung seiner Würde beabsichtigt die Kirche, wenn sie sich
das Recht zuerkennt, das Gesetz Gottes auch den Königen
und Ministern und Kammern gegenüber zu verkünden und
die Principien der ewigen Wahrheit auch als Maßstab der
politischen Ereignisse und Handlungen geltend zu machen.

Nicht ein Attentat auf Gewissensfreiheit ist es,
wenn die Kirche sich als eine Gesellschaft im wahren und
vollen Sinne behauptet und eben darum auch alle Functio=

nen für sich in Anspruch nimmt, welche einer gesellschaft=
lichen Autorität der Natur der Sache nach zukommen.

Das Alles würde eine ruhige, unbefangene und aufrich=
tige Untersuchung der von der Kirche — wohl bemerkt der
Kirche selbst — aufgestellten Lehren und Maximen so=
wie der durch das Naturrecht — wohl bemerkt, das alte,
wahre und nicht von Parteitendenzen gefälschte Naturrecht
geforderten Grundsätzen der Weisheit des k. bayr. Ministe=
riums zu erkennen geben. Wenn dasselbe dann immerhin
noch nicht frei von Besorgnissen in die Zukunft blicken
würde, so würden diese Besorgnisse wenigstens eine andere
Richtung nehmen und zu anderen Vorsichtsmaßregeln führen.

Eine solche Wendung in der Haltung der k. bayrischen
Regierung zu erwarten, sind wir aber in diesem Augenblicke
weit entfernt. Dieselbe wird sich nicht so leicht der Vorur=
theile erwehren, mit welchen die in München herrschende
Agitationspartei sie erfüllt hat, und die liberale Partei wird
es nicht an Versuchen der Einschüchterung und Aufreizung
fehlen lassen, um diese Vorurtheile zu befestigen. Es bleibt
uns aber auch diesem Standpunkte gegenüber eine Bemer=
kung zu machen übrig. Wenn die bayrische Regierung in
der That die Ueberzeugung zu haben glaubt, daß die katho=
lische Kirche dem Staate gefährlich werden könne und ver=
möge des Dogma's der Infallibilität des Papstes zu wer=
den drohe, und wenn sie sich somit in dem Stande der
Nothwehr zu befinden den Wahn hat, so muß sie wenig=
stens sich des Grundsatzes erinnern, welcher das Recht der
Nothwehr in die Gränzen der wirklichen Noth einschränkt.
Sie darf nicht mehr sich erlauben, als was eben noth=
wendig scheint, und sie darf nur rechtlich und sittlich er=
laubte Mittel gebrauchen, um dieser vermeintlichen Noth
sich zu erwehren.

Prüfen wir kurz das Verfahren der k. bayrischen Re=
gierung.

III.

Steht die k. bayrische Regierung auf gesetz=
lichem Standpunkt bei der beabsichtigten Revi=
sion? Welche rechtliche Stellung läßt diese der
katholischen Kirche? Was werden die Folgen
des Verfahrens der bayrischen Regierung sein.

1) Der königlich bayrische Minister hat die Gefälligkeit
zu sagen: Nichts bedarf weniger der Versicherung, als
daß sich die Staatsregierung bei der Wahl der Mittel
zur Abwehr an Gesetz und Verfassung halten werde. Zu
diesen gesetzlichen Mitteln wird nun aber vor Allem die
Anwendung des s. g. Placet gezählt. Eine längere Erörte=
rung ist dazu bestimmt, die Einwendungen zu widerlegen,
welche in alter und neuer Zeit gegen die Gesetzlichkeit des
Placet erhoben wurden. Die Mühe, welche sich der Minister
mit derselben gibt, ist aus doppelten Gründen überflüssig.
Einmal deßhalb, weil es eben für alle Ewigkeit unmöglich
ist, den evidenten Widerspruch hinweg zu disputiren, der
zwischen dem gesetzlich bestehenden Concordate (insbeson=
dere Art. 1 und Art. 12) einerseits und dem durch die
s. g. II. Verfassungsbeilage statuirten Placet besteht. So=
dann aber deßhalb, weil der Herr Minister selbst zugibt,
daß dieses „gesetzliche“ Mittel des Placet kein Mittel sei,
durch welches sich irgendwie der in Rede stehende Zweck er=
reichen läßt. Es gehört Zeiten an, so sagt Herr v. Lutz,
wo die Kirche in Anerkennung der ihr vom Staate gewid=
meten Hingebung auch manche Gewaltäußerung geduldig
von ihm hinnahm. „Es hatte eine Wirkung in Zeiten, in
welchen es noch nicht liberalen Regierungen und Kammern
gelungen war, in dem Rechtsstaate ein schützendes Dach
über alle Parteien zu bauen.“ Heute aber, gibt er zu ver=
stehen, ist es ein ganz erfolgloses Mittel, „und selbst, wenn
man Zwangsmaßregeln, welche die Verfassung aufzustellen
unterlassen hat, nachträglich aufzustellen unternehmen wollte,“

so gesteht Herr v. Lutz, würde ein Erfolg nicht erzielt werden.

Dieses Geständniß gereicht dem Minister sicherlich nicht zur Unehre, es ist practischer Sinn in demselben. Noch mehr würde es ihn freilich ehren, wenn er auch Scharfblick und Rechtssinn genug hätte, den inneren Unwerth und die Ver= werflichkeit des Placet einzusehen und zuzugestehen. Aber was bleibt einem k. bayrischen Minister für ein gesetzlicher Standpunkt für die Maßregelung der Kirche übrig, wenn er das Placet preisgeben muß?

Die Erklärung des k. bayr. Gesammtministeriums ver= räth dieser Frage gegenüber eine Verlegenheit, welche ver= geblich sich unter allgemeinen, zum Theil sich widersprechen= den Andeutungen verbirgt.

Der Grundgedanke derselben ist jedoch schon im Eingange ausgesprochen worden. Es soll eine tiefgehende Revision der Gesetzgebung in's Werk gesetzt werden. Eine gesetzliche Revision natürlich, denn es soll ja Alles eminent gesetzlich hergehen. Aber das Concordat? Der Minister will nicht bestrei= ten, daß dasselbe zur Zeit geltendes Recht sei und Gesetzes= kraft habe. Auch das will er nicht behaupten, daß dasselbe in Folge der vaticanischen Constitution erloschen sei. Diese bekanntlich von dem österreichischen Minister v. Stremaier abgegebene Erklärung wird von Herrn v. Lutz ausdrücklich als unmöglich bezeichnet.

Die Nichtverbindlichkeit des Concordates bildet aber dennoch die Voraussetzung dieser beabsichtigten Revision, und Herr v. Lutz hält es für eine „Pflicht der Redlichkeit", dieses zu berühren. „Man wird dem bayrischen Staate das Recht, von seiner Legislative erschöpfenden Gebrauch zu machen, kaum bestreiten können," erklärt er im Hinblicke auf das Concordat und motivirt dieses mit dem offenbar ganz mißverstandenen Satze eines französischen Schriftstellers, daß ja auch der Papst die Concordate nur als Concessionen und Privilegien betrachte, welche er jederzeit widerrufen könne.

So ist denn das Concordat nicht effectiv gekündigt und nicht heute schon für kraftlos erklärt. Aber es ist für jede Zeit kündbar und unverbindlich erklärt. Die bayrische Kirche hat die officielle Gewißheit, daß ihre staatsrechtliche Stellung nur noch die Bedeutung einer Thatsache auf kurze Frist besitzt. Ob dieses ein gesetzliches Verfahren ist, möge alle Welt uns sagen! Aber gehen wir auch darüber hinweg. Wir haben uns ja in den letzten Jahrzehnten an Concordatsbruch so gewöhnt, daß wir von demselben kaum mehr überrascht werden.

In der Verzweiflung an dem positiven Recht, mit welchem uns die Gesetzlichkeitstheorie der bayrischen Regierung erfüllt, bleibt uns wenigstens noch ein Wunsch übrig. Es ist der Wunsch, daß die tiefgehende Revision der Gesetzgebung, wenn sie das Concordat zerreißt und den ganzen positiven Rechtszustand der katholischen Kirche über den Haufen wirft, wenigstens die Grundsätze des natürlichen Rechtes oder um modern zu sprechen die Principien der Menschenrechte, welche auch in Bayern anerkannt sind, stehen läßt. Diesen Wunsch müssen wir in der allgemeinen Auflösung des positiven Rechtes, welche unsere Zeit charakterisirt, so zu sagen als letzten Seufzer uns vorbehalten und Herr v. Lutz muß uns gestatten, daß wir auch ihm mit demselben uns nahen.

Die Erklärung scheint dieser Befürchtung im Voraus entgegenzukommen. Herr v. Lutz beruhigt uns darüber, daß er an keine Zwangsmittel denke, er sagt uns, daß er Bayern nicht mit neuen Märtyrern bereichern wolle — ja er versichert sogar feierlich, daß ein jeweiliger Cultusminister nicht bestimmen könne was die Katholiken zu glauben haben, was nicht. Das ist offenbar viel aus diesem — liberalen Munde, sehr viel, aber immerhin noch viel zu wenig. Wir vermissen durchaus in der Erklärung bestimmte und klare Principien über Gewissensfreiheit und Vereinsfreiheit. Hätte das liberale bayrische Ministerium sich wenigstens zu den Frankfurter Grundrechten bekannt (um von den Paragraphen der preu=

tischen Verfassung nicht zu reden) so hatten wir irgend einen
Punkt, an dem wir uns halten könnten. Aber statt dessen
gibt uns der Minister nur einige allgemeine Redensarten,
in welchen das einzig Greifbare die Legislative der bayrischen
Regierung d. i. die von der liberalen Partei unterstützten
Gesetzesvorlagen des Herrn v. Lutz sind. Es soll die Gesetzgebung revidirt werden, tiefgreifend, nachhaltig, so wird
uns gesagt. Der bayrische Staat soll von seiner Legislative
„einen erschöpfenden Gebrauch machen." Aber welches sind
die Principien, von denen diese erschöpfende Legislative aus-
geht? Nach welcher Formel soll sie die Beziehungen zwischen
Staat und Kirche ordnen?

2) **Welche rechtliche Stellung wird die katholische Kirche kraft dieser neuen Gesetzgebung
einnehmen?** Diese Frage mußte Herr v. Lutz uns be-
antworten. Sehen wir, wie die Erklärung dieser Pflicht
genügt.

Ich will keine Zwangsmaßregel, sagt uns Herr v. Lutz,
aber ich will auch keine Rechtsverbindlichkeit gegen die katholische Kirche.

Sicherlich, meine Herren, muß, wenn wir zur Ruhe kommen sollen,
der Kirche jene Freiheit gegeben werden, welche sie in ihrem Kampfe
mit dem Placet begehrt. Selbstverständlich aber muß auch dem Staate
die entsprechende Freiheit zu Theil werden. Er kann nicht der Executor
jener Kirche sein, die sich seinem Einflusse gänzlich entzieht, er würde
bald ihr Leibeigener sein. In der vollen Unabhängigkeit sowohl der
Kirche als des Staates beruht allein die Hoffnung auf Frieden. Die
Erkenntniß der Richtigkeit dieser Ansicht wird wachsen von Stunde zu
Stunde.

Das hätte der bayrische Minister offenbar kürzer sagen
können, wenn er sich nicht gescheut hätte, Cavour's Wort
zu gebrauchen.

Er will die freie Kirche im freien Staate.

Als dieses Wort von seinem genialen Erfinder vor zehn
Jahren das erste Mal ausgesprochen wurde, da hatte es
den Zauber eines Meteors, die ganze Presse Europa's va-

rürte es und machte glauben, daß eine neue Welt=Aera und ein ewiger Friede damit geschaffen sei.

Heute ist der Meteor so vollständig erblaßt, daß es kaum mehr sich der Mühe lohnt, darüber ein Wort zu verlieren. Jedes Kind weiß ja, daß es nichts Anderes heißt, als:

„ Die rechtlose Kirche in dem schrankenlos be= rechtigten Staate. Herr v. Lutz scheint dieses selbst zu füh= len, darum vermeidet er die abgenützte Phrase. Er hat andere Worte für Cavour's Idee. Er will der Kirche „volle Unab= hängigkeit" zusprechen, sie soll jene Freiheit haben, welche sie in dem Kampfe gegen das Placet begehrt — nur soll andererseits auch der Staat die volle Unabhängigkeit haben, er soll sich nicht zum Executor der Kirche machen, er soll nicht sich dazu verpflichten, die Anordnungen der Kirchen= oberhäupter nöthigen Falls sogar an sich selbst zu voll= strecken.

Andere Worte. Aber die Idee ist dieselbe und auch der praktische Commentar, den der bayrische Minister seiner Idee gibt, ist derselbe, welchen die sardinischen Staats= männer dieser Idee gegeben haben.

Die Maßregeln, welche dem bayrischen Ministerium der Döllinger'schen Agitation gegenüber belieben und zu deren künftigen Anwendung die Beantwortung der Herz'schen In= terpellation sich feierlich bekennt, lassen über die Unab= hängigkeit, welche der Kirche zuerkannt werden soll, keinen Zweifel.

Es ist das System der willkürlichsten Einmischung in die kirchlichen Angelegenheiten, welches in denselben procla= mirt wird. Prüfen wir die einzelnen Punkte in aller Kürze. Die Antwort auf die erste Frage lautet:

Die Staatsregierung ist gewillt, allen katholischen Staats= angehörigen geistlichen und weltlichen Standes, welche die Lehre von der Unfehlbarkeit des Papstes nicht anerkennen, den vollen in den Gesetzen des Landes begründeten Schutz gegen den Mißbrauch geistlicher Gewalt zu gewähren und sie soweit ihre Zuständigkeit reicht in ihren wohl erworbenen Rechten und Stellungen zu schützen. Diese Worte sind in der That ein classischer Commentar zu der Unabhängigkeit, welche die Luz'sche Revision der Gesetzgebung der katholischen Kirche gewähren will. Es wird Schutz verheißen, wem? denen welche die von dem öcumenischen Concil — also der unbestritten höchsten Autorität der Kirche — ausgesprochene Lehre nicht anerkennen und damit ipso facto von der katholischen Kirche sich losjagen und nach den Gesetzen der Kirche von ihr ausgeschlossen werden und werden müssen. Und gegen wen werden diese der Kirche Trotz bietenden Geistlichen und Laien geschützt? gegen den Mißbrauch der geistlichen Gewalt d. i. gegen die Anwendung der dem Papste und den Bischöfen unzweifelhaft und unbestritten zustehenden richterlichen und administrativen Gewalt; insbesondere also gegen die Gewalt der Bischöfe, die h. Sacramente den Häretikern zu versagen, die ungehorsamen Priester zu suspendiren und zu deponiren und an ihrer Statt katholischen Gemeinden andere Seelsorger zu geben. Worin sollen diese Gegner der Infallibilität geschützt werden? in ihren wohlerworbenen Rechten und Stellungen. Ganz gewiß sind mit diesen Worten nicht die staatlichen und bürgerlichen Rechte derselben gemeint, noch weniger die Privatrechte und Privatstellungen. Am allerwenigsten die allgemeinen Menschenrechte. Es können nur die Rechte gemeint sein, welche sie als kirchliche Beneficiaten oder als Glieder der katholischen Kirche besitzen und welche sie als Häretiker oder Schismatiker naturgemäß zu besitzen aufhören. Eben diese ihre rein kirchlichen Rechte und Stellungen sollen ihnen gewahrt werden gegen die Entscheidung ihrer rechtmäßigen Vorgesetzten und gegen die Anwendung der kirchlichen Gesetze.

Das ist der Wille der k. bayr. Staatsregierung; so versteht sie die Unabhängigkeit, welche sie der Kirche verspricht und welche sie durch eine Revision der Gesetzgebung feststellen will. Aber wenn das Unabhängigkeit und Freiheit ist, so müſſen wir fragen, was iſt denn Abhängigkeit und was iſt Vergewaltigung?

Wenn die Kirche frei ſein ſoll, muß ſie doch wohl das Grundrecht jeder Geſellſchaft beſitzen, die Bedingungen ihrer Mitgliedſchaft feſtzuſtellen, ihre Diener und Beamten nach eigenen Grundſätzen anzuſtellen und zu wählen und den Un= gehorſam gegen ihre Anordnungen mit Entziehung der von ihr verliehenen Würden und Vortheile zu ſtrafen.

Wenn ſie dieſes Grundrecht nicht beſitzt, wenn ein Dritter zwiſchen ſie und ihre Mitglieder oder Beamten tritt, um den Ungehorſam zu privilegiren, dann wahrlich regiert eben dieſer Dritte die Kirche und beſtimmt dieſer Dritte, was Katholiken zu glauben und zu thun haben.

Das ſo ſcheint uns, iſt über allen Zweifel erhaben. Herr v. Lutz hat zwar allerdings das Wort eingeſchoben „ſoweit ihre Zuſtändigkeit reicht.“ Aber dieſes Wort iſt vollſtändig bedeutungslos. Gegen den Mißbrauch geiſtlicher Gewalt kann von Zuſtändigkeit des Staates überhaupt die Rede nicht ſein, und die wohl erworbenen Rechte, in welchen die bayriſche Regierung ihre Freunde ſchützen will, können wie oben bemerkt, nur geiſtliche oder religiöſe Rechte ſein, in Betreff deren der Regierung ganz gewiß eine Entſcheidung zu geben nicht zuſteht. Es kann darum dieſer Schutz gegen den Mißbrauch geiſtlicher Gewalt der Natur der Sache ge= mäß eben nur als Einmiſchung in die kirchliche Selbſtändig= keit verſtanden werden.

Noch deutlicher aber iſt die Antwort auf die II. Frage des Herrn Herz. Sie lautet:

Ad a. Die bayriſche Regierung iſt entſchloſſen, das reli= giöſe Erziehungsrecht der Eltern gegenüber dem Dogma der Unfehlbarkeit des Papſtes anzuerkennen. Das bedeutet ent= weder Nichts oder Folgendes. Wenn Eltern nicht wollen, daß ihren Kindern in der Schule die Unfehlbarkeit des Papſtes gelehrt werde, ſo haben ſie das Recht, ihre Kinder nicht blos von dieſer Schule fernzuhalten und ſie in eine

andere Schule zu schicken, sondern sie haben sogar das Recht,
zu verlangen, daß in diesen Schulen, in welche sie ihre
Kinder schicken, entweder gar keine Religion gelehrt oder
Döllingianer als Religionslehrer aufgestellt werden. Dieses
Recht hat der Gemeinderath von München mit Genehmigung
der Regierungsbehörde bereits zur Anwendung gebracht.
Es erlaubt sich somit die Regierung, den Charakter der be=
stehenden katholischen Schulen nach Gutdünken zu bestimmen
und den katholischen Religionsunterricht in denselben auf
den Wunsch einzelner, von der katholischen Kirche abgefal=
lenen Eltern zu sistiren.

Ad b. Wenn von Anhängern der altkatholischen Lehre
Gemeinden gebildet werden, so gedenkt die Staatsregierung,
wie sie den Einzelnen fortwährend als Katholiken betrachten
zu wollen erklärt hat, auch die Gemeinden als katholische
anzuerkennen und folglich denselben, sowie ihren Geistlichen
alle jene Rechte einzuräumen, welche sie gehabt haben wür=
den, wenn die Gemeindebildung vor dem 18. Juli 1870 vor
sich gegangen wäre.

Auch dieses ist nicht mißverständlich. Die bayrische Re=
gierung gibt den Döllingianern das Recht, nicht blos als
Secten oder als neue Religionsgesellschaften sich zu consti=
tuiren, sondern auch die Rechte in Anspruch zu nehmen,
welche sie als Mitglieder der katholischen Kirche hatten —
die Rechte also ohne Zweifel auf den Gebrauch der Kirchen,
welche sie als Katholiken in Gebrauch hatten, auf die
Güter, welche sie als solche besaßen. Deßgleichen räumt
die Regierung den Geistlichen, welche von der katholischen
Kirche abfallen, der bischöflichen Autorität den Gehorsam
kündigen und kraft der Excommunication von der Kirche
getrennt sind, alle jene Rechte ein, welche sie als katholische
Geistliche hatten, also ohne Zweifel den Pfarrern das Recht
auf Pfarrhaus und Pfarrbesoldung, auf Pfarrschule und
auf die Ausübung aller Amtshandlungen. Die Regierung
nimmt also das Recht für sich in Anspruch, katholische Ge=

meinden im Widerspruch mit der kirchlichen Autorität zu bestätigen und Geistliche in Opposition gegen ihren recht=mäßigen Obern als katholische Geistliche zu legitimiren. Würde der k. bayr. Minister einfach gesagt haben, die k. Staatsregierung gedenkt in Zukunft das Recht katholische Pfarreien zu errichten und katholische Pfarrer zu instituiren für sich in Anspruch zu nehmen, so wäre das eine ehrliche Sprache gewesen. Sie würde sich in diesem Verfahren auf die Vorgänge der russischen Regierung berufen können und wenn sie Lust dazu hätte, auch auf die arianischen byzantinischen Kaiser. Auch hätte eine solche offene Erklärung den Vor=theil, daß wir wenigstens eine bestimmte Behörde kennen würden, welche die katholischen Gemeinden circumscribirt und die rechtmäßigen Pfarrer bezeichnet.

Aber Herr v. Lutz hat nicht die Consequenz seiner russi=schen und byzantinischen Vorbilder. Er will die Gemeinde=bildungen nur als solche „anerkennen" und ihnen die Rechte der katholischen Gemeinde „einräumen." Die Bildung dieser Gemeinden selbst und die Feststellung der Verhältnisse ihrer Geistlichen will er nicht in die Hand nehmen. Aber hat Herr v. Lutz denn sich nicht gesagt, daß Das, was er hier anerkennen und mit Rechten dotiren will ein pures Chaos ist? Wohl spricht er von den Anhängern der „alten katho=lischen Lehre?" Aber was ist diese alte Lehre? ist es die Lehre Schulte's oder Döllinger's oder Ronge's oder Czerzki's? Wer bestimmt ihre Begriffe? Wer stellt den Gemeinden das Zeugniß aus, daß sie alt=katholische sind?

Diese Fragen würden dem bayrischen Cultminister sicherlich die größten Schwierigkeiten machen, wenn die Gemeinde=bildungen, die er provozirt, sich häufen würden. Er würde das Schicksal des Zauberlehrlings an sich erfahren, der die Geister die er rief nicht mehr zu bannen vermag. Wenn jeder Geistliche, der mit seinem Bischof unzufrieden ist, und jedes Dutzend Bauern, welche ein solcher Geistlicher aufzu=wiegeln vermöchte, von dem bayrischen Cultminister die An=

erkennung als katholische Gemeinde verlangten, „als ob die
Gemeindebildung vor dem 18. Juli vor sich gegangen wäre —
wahrlich da käme auch der vielgewandte Herr v. Lutz schließlich außer Fassung. Wenn aber vollends gar, was nicht
ausbleiben wird, diese neugebildeten Gemeinden sich unter
sich spalten würden und über die alte katholische Lehre auf's
neue uneins würden, was würde dann ein k. bayrisches
Ministerium thun, um die „wohlerworbenen Rechte und
Stellungen" zu schützen? würde es die alten oder neuen
Altkatholiken protegiren? und würde es den Mißbrauch der
neuen oder alten altkatholischen Gewalt zurückweisen?

Doch wir wollen dem Herrn Minister nicht mit solchen
Fragen bange machen. Die Kraft der katholischen Einheit
wird ihm diese Verlegenheiten ersparen.

Hören wir die Beantwortung der dritten Frage. Sie
lautet: „Fest entschlossen, jeden Eingriff in die Rechte des
Staates mit den verfassungsmäßigen Mitteln abzuwehren,
erklärt sie (die Regierung) sich zugleich bereit die Hand zu
Gesetzen zu bieten, durch welche die volle Unabhängigkeit
sowohl des Staates als der Kirche begründet wird, da auch
nach ihrer Ansicht allein auf diesem Wege die Herstellung
des religiösen Friedens und dessen Erhaltung für die Zukunft gesichert werden kann."

In diesen Worten ist streng genommen gar nichts Be-
merkenswerthes als die wahrhaft unerträgliche Unwahrheit,
mit welcher das Attentat auf die rechtliche Existenz und die
Freiheit der Kirche als der Weg zur Herstellung des religiösen
Friedens gefeiert wird. Unmöglich kann der bayr. Minister
die Phrase, deren er sich hier bedient im Ernste gebrauchen.
Entweder haben die Worte ihren Sinn verloren oder er erlaubt sich mit den Katholiken einen Spott.

Der Mann, welcher soeben die gewaltthätigsten Ein-
mischungen in das Leben der katholischen Kirche proclamirt
hat, er der soeben der Kirche den Rechtsschutz versagt und den
Empörern gegen ihre rechtmäßigen Obern den Schutz verheißen

hat; Herr v. Lutz, welcher die Agitation gegen die kirchliche Autorität prämiirt, rühmt sich, die Herstellung des religiösen Friedens anzubahnen und dessen Erhaltung für die Zukunft zu sichern. Dieser leichtfertigen Declamation gegenüber erlauben wir uns schließlich noch eine Frage aufzuwerfen, deren Beantwortung sehr kurz sein soll.

3. Welche Folgen wird die Revision der bayrischen Kirchengesetzgebung nach den Grundzügen der neuesten Erklärung haben? Zunächst jedenfalls die einer vollständigen Verwirrung in den Verhältnissen des bayrischen Landes. Die Allianz, welche die Regierung mit den kirchenfeindlichen Parteien zu Gunsten Döllinger's und seiner Genossen eingegangen hat, kann weder den letzteren, noch der Regierung einen Gewinn bringen, sie wird nur den liberalen oder concret gesprochen den nationalliberalen Interessen zu gut kommen.

Die Regierung selbst, wir meinen die Dynastie und der bayrische Staat den sie vertritt, kann hieraus nur eine tiefe Schädigung und eine Zerstörung des beiden eigenthümlichen Charakters erleiden. Die bayrischen Fürsten haben ihre Größe stets in der Hingebung an die katholische Kirche gefunden und Bayern hatte eine europäische Bedeutung, so lange es dem Rechte und der Freiheit der Kirche treu geblieben.

Das liberale Bayern der Gegenwart kann nur eine klägliche Rolle spielen. Es wird ein Zwitterding sein, nicht ebenbürtig dem nordischen Liberalismus, aber von ihm nach Kräften mißbraucht. Man wird Bayern vorschieben im Kampfe, ohne mit ihm den Sieg zu theilen. Das alte Bayern sicherlich wird sich in der Lutz'schen Revision sein Grab unwiderruflich graben und das neue wird in ihr todt geboren sein.

Aber auch Herr v. Döllinger und Genossen werden von der Haltung, zu der sie die bayrische Regierung gedrängt

und verleitet haben, einen Gewinn nicht ziehen. Die Zeiten
des cujus regio ejus religio sind für Jansenisten und Döl=
lingianer nicht mehr zu resuscitiren. Nur der Liberalismus
kann sich als Erbe dieser alten Devise versuchen. Die liberale
Gesetzgebung kann durch ihre negativen Maßregeln, durch
ihre Profanationen, durch ihre Säcularisationen den Un=
glauben in den Ländern einführen, deren Herrschaft sie be=
sitzt. Aber zu Gunsten irgend welcher Häresie läßt sich dieses
alte Wort nicht mehr beleben. Die Regierung hat nicht die Kraft
eine Secte in Bayern zu installiren. Herr v. Lutz hat sich
für eine verlorene Sache engagirt, wenn er der Hoffnung
lebt, durch seine Autorität dem s. g. Alt=Katholicismus auch
nur die Lebenskraft eines Decenniums zu verleihen. Er
kann Döllinger und einigen anderen Excommunicirten ihre
Besoldungen erhalten, kann einige renitente Priester im Be=
sitze ihrer Pfarrhäuser schützen und ein paar Gemeinden
ruiniren. Aber über diese enge Gränze hinaus — wir hoffen
dieses zuversichtlich von Gottes Barmherzigkeit und von der
Logik der Thatsachen — vermag Herr v. Lutz nichts.

Die katholische Kirche in Bayern dagegen kann bei
dieser Revision einen großen Gewinn sich sichern. Es ist die
Befreiung aus alten Fesseln. Die Wohlthaten der
alten bayrischen Fürsten haben mit der Gewaltthätigkeit der
bayrischen Bureaukratie zusammengewirkt, um das kirchliche
Leben Bayerns in eigenthümlicher Weise mit den politischen Ver=
hältnissen zu verwickeln. In dieser Beziehung kann eine Revision
nur nützlich sein. Selbst ein frommer und eifriger Fürst würde
die Operation, deren es zu Heilung jener alten Krankheit
des k. bayrischen Katholicismus bedarf, nicht zu vollführen
vermögen, dazu hat Herr v. Lutz und Genossen das richtige
Talent. Diesen Männern gegenüber wird der Clerus sich
seiner wahren Stellung erinnern und es wird nicht einmal
des Ausnahmegesetzes bedürfen, um ihn über die Stunde
aufzuklären, welche für ihn und für Bayern gekommen ist.

Daß der **Klerus** und die kirchlichen Kreise in Bayern

aus dem bevorstehenden Kampfe Gewinn ziehen können, ist uns
kein Zweifel. Ob auch das bayrische Volk und das bayrische
Staatsleben, das wird von der Haltung der katholischen
Abgeordneten und den hinter ihnen stehenden Parteien ab=
hängen. Bis jetzt hörten wir vieles über die Parteistellung
der s. g. Patrioten oder Katholiken, was uns nicht erfreuen
kann. Die Einigkeit war nicht wie sie sein sollte. Aber wir dürfen
immerhin hoffen, daß der volle Ernst der Lage die Getrenn=
ten bleibend einige.

Aber wenn selbst die Gährung, welche nach der bis=
herigen Geschichte nicht überraschen kann, auch längere Zeit
andauern sollte, so wird dennoch die augenblicklich begonnene
Bewegung der katholischen Sache so Gott will nützlich sein. Die
freie Kirche im freien Staate, wie sie Herr v. Lutz ankün=
digt. wird die Phrase bleiben, die sie ist, aber die Kirche
wird diesem Minister immerhin einen Fortschritt auf der Bahn
der Freiheit verdanken. Sie mag von ihm die Wahrheit des
Wortes auf's neue erfahren nolite confidere principibus.
Dieses Wort ist das Geheimniß alles Aufschwungs der Kirche
in den europäischen Ländern. In dem Maße, als es dem
Klerus an Haupt und Gliedern zum Bewußtsein kömmt,
wird die Kirche stark und frei — mögen die Minister dabei
Gesetze revidiren und die Parlamente Ausnahmsgesetze debat=
tiren, so viel sie wollen: Alle diese legislatorischen Arbeiten
sind Spinnengewebe, welche nichts anderes beweisen, als
daß die Zeit des Herbstes gekommen ist, die Zeit, in der die
Früchte reif geworden und die Sommerpflanzen ihren Saft
verloren haben.